林祖藻 主編

明清科考墨卷集

第九冊

卷二十五
卷二十六
卷二十七

LITERARY TIMES
蘭臺出版社

第九冊　卷二十五

月攘一雞

呂葆中

攘物者自商其所損、月計之而見少矣、夫不曰月損雞幾何而曰攘
一雞、是猶未離乎攘之類也、亦姑請輕之而已耳、想攘雞者之言曰
余不佞素不奉君子之教、以有斯行也、雖然、今將損矣、蓋朝夕可念
也、清議亦可畏也、攘亦不可太甚也、損亦不可過驟也、吾將圖之古
使我一半為乎一半本意
之為鄰者有洽比之義焉、恤所無也、我則無雞而資于鄰于情何傷
仍是圖利
所可商者旦旦而取之、或慾其雞為繼耳、今之為鄰者有往來之禮
焉、通所有也、鄰實有雞而我藉之于義何害、所可議者取之無虛日
頗知好名
或慾其竭人歡耳、于是乎議變更之術、而多寡亦酌之、人情商改行

之分而諫數穫猶諸天道雖一而已時以月而易日可乎（月字奇妙）使吾家室充盈六畜蕃息朝夕之需可無藉于外來一雞于何有而使夫人之詬厲也雖然未能矣（風趣）將以為乾豆焉將以為賓客焉將以為充庖焉許一月之謂何日不有乃不得不于一攘取辦也想鄰人其亦當鑒我此情也使吾入饗既陳鮮肥畢具刀匕之供可無爭于人世又何愛于一雞其以取憎于鄰乎也雖然未能矣將以為主俏焉將以為亞旅焉將以為饔以焉許一月之中何日可廢乃不得不于一攘自給也想君子其亦當許我不責也（音節出之新）雖人心之不平也許日而取之實（從而之人情）習為常許月而取之反驁其轍于是乎無厭之識庶有與于既損之

後者甚矣君子之難為也顧吾思之昔也日得其一而鄰之損乎我
者無窮今也月存其一而我之損于鄰者亦不少昔為廉乎今為燕
從術詐矢背容朝出
乎當必有能辨之者矣抑人情之不足也計日而取減朔虛之六日
一折一肱其絕世聰明也
而反以為恩計月而取加閏餘之一月而覆以為怨于是乎聽焉之
刺反有出于既損之餘者甚矣君子之可為而不可為也顧吾思之
昔也以一日之求而當今一月之得今也以一月之得而當昔一日
之求昔為貪乎今為貪乎當必有能論之者矣雖一鷄之味不足磨
牒乎三旬而小人之心庶幾漸消乎君子以待來年吾已矣夫
友人讀至計月而取實習為常計月而取反鶩其贅便棆卷曰佳

則佳矣。將以何語作對耶。展看乃大笑。自記

攘雞聲口。取輕肺腸。從此現彼意態宛然。後二股拱發月攘與日

相較。更有雋思。并將來之悔其輕而終不能已。亦為逼露也。

月攘一 呂

父母俱存　三節　　王自超

有所全致於己者故君子能優以自予也夫人倫多故而俯仰自慚雖有嚴明豈足愉快夫然故君子而獨勝于天下矣（緊上文來）今使人以濟天下為全性情之事乎（何等醒快何等流利）則堯舜以來數十君之外吾未知其性情奚若也若夫共在人寰同為起息而此有愉懷彼為蕭寂此亦天有莫能離之心世有無如何之術也前則君子三樂安可不告天下哉居明堂而艳整色命不能榮則居蓬蒿而有惟懷命不能奪門內而縣歎獨行之最樂況重之（作念等衣粹）以肱股大道之材一迫促者風雨之音憂困殊人感讓者天地以大樂非直量父將我以為子天將我以為人況重之以

墨□遇傳稿　秋巖選　　下孟

怒發中漩具迤環之法直如珠之走盤後之博贍

弘獎風流之任雖然雷濟晰澤予有吳虢繡斧東山兄悲爵藩古之

真神手也　落天字奇

聖人父母兄弟間自失有憂患焉豈曰愉樂也此不得不歸之天

天既命我為人矣又予我以父母復予我以兄弟又重之以友生矣

以無不足者予人而母如人之自愧且作何也南郊而配上帝不足

奇韻香聲

喻于爵水之歡哉圭而行征詠不若守其耕田之養是以君子獨行

已志內外無憾彼夫遑乎桑樞而曳屣歌商聲出金石者夫何人也

四方之人得無閒而心動者乎且夫登堂而問乎有千里之發分藝

而師門無一流之目才雖自古已嘆得人今世所希以云遑會量來

正講題面還他三樂

易云若是而君子奚不樂哉然而首以父母何也曰翏茂可念也少

長而無嚴父之訓孰養而多感涕之文有懷明發豈無喟然而嘆與
渙王天下警論奇雋異常
者乎君子讀春秋而知乎王不得為人子曾桓不得為人弟且有以
天下而天倫致戚者故不可不正也次之言天與人何也曰內行當
白也千古小人嘗欲與君子爭天而千古君子反不能與小人爭人
天風海濤令人眼界擴濶
要其中懷豈無恧然而自疚者乎君子讀仲虺之誥而有慙德彼有
天下而尚不能脫然于懷抱者故不可不白也次之而言教育又何
也曰人材可念也先王盛時人材聚于太學迄今衰晚士子走于列
邦者子衿得無頌菁莪而悲者乎且夫說縱橫者多人走二氏者
卿鶩以不世有之材吾教之則為吾用不教則亦足為吾道害吾儕

王慶遂傳稿

此旨在向上說王天下

怪有天下者不之欲也故不可不示也

入母兄弟天人教育守語自是累紙難盡丹文妙在語〻從

下着議遂覺壘壘皆新真可謂眼大如箕筆大如椽者矣 龔仙[illegible]

金石為聲風霜為氣古今來易才也背人稱楊子雲一出一入僕

值千金余謂㳂鄉輩不見王大將軍 龔仲新

父母俱

父母俱存

馮千英

爲君子思父母則俱存者難矣夫人皆有父母皆欲父母之俱存然而不可必得也若子抑何幸哉且天下盡人子也而不必盡爲遠養之子哀哀父母生我劬勞讀蓼莪之什不禁掩卷流涕焉嗟乎鮮民煢煢在疚一至此哉而君子何如乎靡瞻匪父人所同也乃欲瞻之而不能則有對遺書而不忍讀者矣安必其所瞻者居然在也靡依匪母人無異也至欲依之而不得則有捧杯棬而愴然悲者矣安必其所依者常相保也況夫不可必者數也既爲父母必非少壯之人至有限者年也已當遲暮安得具慶之日假令出也義方是訓方幸

純用反筆有勢

一語排轉

二比分說父母

反逼存字

二比合說之母

反含俱存

此比父存而母不存作

怡我之有人而內顧庭幃已傷恃我之無人雖吾父尚存可供子職
而毋氏聖善徒寄音容于夢想此情何日釋也而況均切終天之恨（又脉入快不存）
與假令入也慈顏不改正欣鞠我之依然而瞻望高堂先悲怙恃之（與比母存而父不存作開）
妻然雖吾母猶存可將菽水而父今生我僅深痛哭于几筵此心何
時慰也而況同嘅風木之悲與今何幸而父母俱存乎父也鮮有縲（甚點有神）（四比講正）
之憾毋也無未亡之塞二人無恙固可相怡于垂白之秋一父方訛教（西起集字）（從父毋身上說來）（從人子身上說來）
諦之術母仍乞待哺之情膝下周旋亦聊以含生成之德是無論富
貴之子可以極尊養之至即身在草野耕田供職而一芹半菽已爲（此見貧富皆可樂處）
天倫之盛事亦無論兄若之觀可以徵底豫之化即身當不幸勞苦

頓加而鞠躬盡瘁猶勝霜露之悽慨一以此思樂〻可知已又況凡及
弟矣尤慶一堂之聚順哉（去路有声色）

作單句小題文雖不得拆字拆意而訣如此題說一俱字即有父存而母不存母存而父不存且父母俱不存三層意尤將此三層意于前面翻剔夾出但存之難然後轉出正面竭力抒寫俱存中無數欣樂意不叉樂字不覺形諸楮上

父母俱存　二句　　　陸寅亮

家有餘慶、自天佑也、盡父母兄弟、以夫合者俱存無故、誠盛事哉。嘗讀古孝子悌弟之書、而泫然泣下也、庭有義、原有令、此尋常事耳、乃至爲義不得而比于萬蔚、稱令不可而况以鴟鴞、彼罪伊何。擢鑑厚背哉、然而古來能孝弟之人、恒難得盡孝弟之曰、君子所爲極不忘父母兄弟也、蓋人生惟父母最先聚、亦最先離、往往我年方齔、而親將已鮮、縱使兄弟敦和、而還溯堂上之聲音笑貌、能無慟渺渺、安存一人、生惟兄弟恩難解、亦怨難釋、往往釁生衽席、而禍作蕭墻、縱使父母康強、而俾覩膝下之伐本剪枝、能勿吁嗟。

人倫缺陷不比下二項人功所致

二比將存字故

上下二比句甲清

多故其或南山有杞而陟屺瞻悲北堂有萱而陟岵增痛兄弟
（此擬父母兄弟逝歷翻新）
弟一人已失一亾其或伯也擇絃而入宫者傲仲也負扆而叛國
者頑乎父母多一子寧少一子君子念之為太息矣曰天乎能令
（天字依註）
（對針天天下不與言大）
我父母俱存兄弟無故乎造物之公也富貴名爵皆為不甚惜之
罷而惟門內太和之繹節制焉而不輕予茲何幸栩馨以寧胡考
（非奇）
籩豆以篤孔懷也夫人骨肉周旋率其真性或亦淡然忘之耳忽
（反側）
（樂字）
聞姻婭傳死喪之訃鄉鄰来門閭之聲不禁撫膺悼嘆而回顧我
（也現郡□在本佐盤旋救妙）
父母兄弟猶然晏處于盤匜几杖間也真奇遇矣夫大道之行也顯
榮華膴亦有可坐致之時而惟家中大順之休禴祀焉而弗能得

茲何幸桑梓遂其嚮依萬藟庇其本根也夫人家室和平習為故
事則亦泛然視之耳忽睹風詩譜介壽之歌雅什訏鄂華之句不
覺對卷流連而靜念我父母兄弟問然聚慶于晨昏風雨時也真
美談矣藜藿與鳴鐘孰美必曰鳴鐘美然我有藜藿與父母共甘
之而寡兄侍左弱弟侍右以視彼列鳴陳鐘者曾不得邀暫時尊
養斯鳴鐘賤而藜藿榮矣奏之朝廷旌為人瑞傳之道路頌為家
禎天若曰爾父母亦茲高年也爾兄弟流寓同德同心及時而展
無疆之祝塤篪與鍾鼓孰尊必曰鍾鼓尊然我有塤篪與兄弟迭
賡之而既慰嚴父亦慰慈母以視彼鳴鍾伐鼓者曾不得施一日

友恭斯鎮鼓衰而塤篪咸奏太史採風推為競爽稗官載筆命為

恰父母俱

二難天若曰爾兄弟長此翕合也爾父母益將俾臧俾壽安坐而

樂字通極飛出

觀有裕之祥彼君子兮其樂何如

沉浸醲郁含英咀華文生情耶情生文耶二句合看方得樂

字全神處處變析恰如題妙與尋常互法不同　曹揩珊

父作之　　　　　　　　　　　　　　　　唐德亮

有賢父作於前聖人之幸也夫莫為之前雖美弗彰文王何幸而父作之哉且時既自命者每願為賢子而不必其有賢父亦願為賢子之父而不必為賢父之子何也開創可以見功而後起難與特立也然為賢子者勞為賢父者逸為賢子之父者或可必之于後為賢父之子者不能必之乎前也故于文王之無憂而幸其父作之云夫太王實開周遷岐之後為王氣所鍾而後得發昌而豐鎬吾以為王季自有父耳一旦生有聖瑞繩繩之中為大父所器而乃得越長而及幼吾以為王季自有子耳且考之史不過稱公季修古公遺跡未嘗有

所幸克則意其亦亦無奇商有天幸而不知不然我周世有賢聖王季以克家之主安坐而克享其成不可謂非王季之福亦不可謂非文王之福也伯仲既全父志王季能總先之力對兄而無愧色不可謂王季之業非藉文王而大亦不可謂文王之業非藉王季而成也

為父為兄為子者盡乎

惜也上有肇基之父至德之兄稍為其所掩耳然高山天作從亦荒

作見王季于是能作

之荊蠻文身誰與依之季以一人內固吾圉亦殆哉岌岌矣卒之來

發藏作守成出解明

荊而賜鈇鉞克伐而為牧師此亦古公以前未有之事也而文王之

深林然發作者

為方伯得專征伐因此益情也下有文明之子武功之孫稍覺其中

當守成之功見今王季之作

其上然築豐遷鎬何以不餘力而為之渡孟津何以一再傳而得

之來。必非王季生乎其勤王家經營之所及矣觀乎篤慶而受之祿
猶奇而大其邦此亦曾代以後不可無之助也乃文王之受命帝祉
後文王收從處字接　參寸流
施于孫子始此焉無所憂者季奄忽不作貽其父與兄知人之明善讓
吳雖父王方有之字
之意文王起而為羞慾之計也則難免於周自不窋失官竄于戎翟
喜勞一言義新開
迨季將繼世滋大而幾頃焉其安乎哉蓋至日朝者三從為來節回
思固心則亦斂飾之。光文實幸吾父有克敦孝友之風所憂者季英
另九兩名標
雖自喜賢觀其有受命之隆大勳之集文王起而恨其祖不自翦商
之志也則更踐矣我周自高圉亞圉世服事殷迨季歷受命為伯而
錄辭和寫樣出簡外
開疆焉其恐乎哉蓋至羑里之囚不忘明聖罔思執諸塞庫鬱伊以

終矣更幸吾公有世篤忠貞之德則又求之者有武王哉

草法一層深一層　加蔣先生

作字非特庸人所不堪即英雄亦未免庸人既并繼其世業英雄將不發于臣節皆與文王不稱故二叔既善讀書尤善道聖人心事也

又作

學

父命之女子之嫁也

鄒爔

父有命而冠禮成、有異乎女之嫁者矣、夫父命於冠之時、誠[illegible]重其為丈夫也、若女子之嫁、亦如冠之父命否耶、嘗思教以義方、弗納于邪、此為父者所以訓其子、而女則不及焉、又何況諄諄於成人之事也哉、蓋家庭有無窮之責望、誠見三加彌尊、而闈闥有作合之良緣、誰守十年不字、則夫甚重乎其成人者、固不得與結褵之際、同類而並觀也已、禮所云丈夫之冠、果何如哉、一葉已乾道成男、尊于坤道成女、則正容體、齊顏色、成人者無適人之理、所以聖王重冠、嚴君之誥誡維殷、既巳乃生男子、重于乃生女子、則覩其

（伏下自然）（易对礼工絶）（詩对易）

忘敬其名成人者無從人之期所以古者敬冠過庭之詔示倍篤夫不有父命之乎父有合女子而並命之者如男唯女俞男革女（截得清）絲之類是也而至于冠則非巾幗之事矣於是余子長矣筮日筮（并照王商伏女子）賓之下獨嚴其詞以相勗若曰爾既為丈夫勿陰柔如女子也則提命者何其切父有與女子而同命之者如不同椸枷不相雜坐（礼对礼）之類是也而至于冠則非閨房之事矣於是突而弁兮醮於客位之餘獨屬其色以相規若曰爾既成丈夫毋蹤跡類女子也則面命者何其深觀於父之命則丈夫之冠禮綦重哉顧教誨爾子圖莫重于冠禮是以男位乎外自有所以學為箕裘者專勉於

冠昨著代之詩而父今生我不必盡為丈夫是以女位乎內亦有
所為迨其吉迨其今者成禮于之子于歸之日則夫女子之嫁也
繼父之命丈夫者而有從矣當其未嫁以前女子善懷詎徒知父
一而已乎蓋彼既為女子焉則桃之夭與梅之摽與會有期耳百
而將之際吾不知為父者於此亦如元端而奠摯者之混命否
也方其未嫁以前女子有行豈必不待父之命乎然彼已為女子
焉則日之旦與氷之泮與固有時耳其從如雲之頃吾不知為父
者於此亦如元冠而摯見者之面命否也然則女子許嫁笄而字
笄之禮既不聞與父命之冠禮並傳則嫁之禮何必與丈夫之冠

皆為父所命也哉。要之父命于寵之時者。所以尊崇其丈夫。而非等于女子。女子而必言嫁者。所以寵成為女子而大遠乎丈夫。觀于毋命之詞〻如此。而知妾婦之道。非父道所宜訓也。嗟乎。今之從父命者少矣。

冷○尖○

鮫綃巧織出深泉。徐開厚

玲瓏巧製縈映生情。妙皆鎔經運思。並非無理取鬧。可謂別裁偽體親風雅也。吳在揚

父命之　鄒

凶年饑歲　以告　馮詠

竊有曰，凶年民之死于有司者多矣。夫既曰有司，則所司為何？奈何凶年饑歲而疾視民之死乎！今夫三代以下之君，非盡不德，大都

○注○重○末○句○駁○倒○今○也

皆有司誤之也。國家設官牧民，遑其通達幽隱，而居官者視民之肥瘠，忽不加戚于心；今于饑歲枕藉，而君且不知其由，則有司之

謂○緩○君○行○仁○政○

咲人國家者非一日矣。以君之貴，好凝懸本，不恤下民之生，故慮

○優○說○有○可○

○從○有○司○今○凶○年○

懦貪汚循例，而為民父母，而有司之積餒暴征，適足以干上天

○奇○語○

怒。歲蝗螣水旱，隨事而釀為災祲。嗚呼！凶年饑歲，民何不幸而為

○香○色○民○至○神情動○

君之民也。散老羸，嫁叔季，斂其事而禍其名。君欲付之有司以為

可以生之而不知正以殺之也秉慕不及待祈年之祝方生而即

寫是留三句陽把修目

遂人篤之秋殺于年有司尚能生之介殺于有司而篤無生理者

學注與吾已數之類

力方制朝廷不用其人而借以寬其地若薔麥之有司以為可以

上暖然下哀然商業行間

委之而不知適以危之也欲去而哀鴻何依欲留而麋惫方且散冗

于年有司終能安之至於于有司而何地可安老弱已轉溝壑矣

饑饉猶依吾君也壯者已散而四方矣遊子仍念吾君也有司方以

前晴而君是顛乃出

以殍生之餘置諸水深火熱之中而君不知也倉廩非不實矣猶

洪而民字

是吾民之膏也府庫非不充矣稱其吾民之脂也有司更欲以飢

特中心

一然深大也

莩之餘苛責乎布縷粟米之征而君不知也抑不方下恤民之苦者

凶年饑歲 以告（孟子） 馮詠

司以爲文焉耳乎日歲歉而上以豐年方藉以報賢良也必不賞

史書 偁有物市無與

以餉爾之無麥無禾上賣太平之態甚至死者既已死猶以輕生

蒙遇一貸

且爲賦期

係累其家人亡者既已亡更以逃匿波及其同井寄籍而民命

賦繩以漢

懼有司之故態知此矣若或頒賑卹之令有司猶有例焉耳乎圓

藉寧而嚴以催科之借以供貪婪也萬不欲以剝家之羨餘義賑

調護故常之例甚至租稅既已蠲而暮夜之追呼不免內帑雖已

有司如賊民之疾視其尤甚矣

發而典守之侵蝕常多斯民辨而身家肥有司之智計如此矣是

亦念此凶年饑歲民死乎有司之不告者實齊三十三人哉鄉會墨

暢然有司惕

一聞天之所以報有司也

後世守令涖辦借以發揮所有吏職故能言之悚切氣吞雲夢澤波撼岳陽城文境似之　楊衡士

以來向駕馭全題與上吾有司句針鋒相對并與下反之意亦跌得起深文酷刻已定上役殘下者罪案筆勢橫絕書家所謂龍跳天門虎臥鳳闕也　尤南士

丙午館　[illegible]瀉

文王之謂也子力行之

從新集　萬承蔭

釋所以謂周王者更勉滕君以力行焉夫文王之所以新命者以其力行也明乎詩之所謂滕文不當以力行自勉哉且人君抗懷古治凡其動人諷詠者即其使人奮發者也蓋緬厥宏猷篇什之流傳如告而撫茲最爾嗣君之作始宜勤所謂善言天者必有驗於人抑善法古者當自勉於今也舊邦新命詩言果何謂哉蓋周自后稷以來累朝之遺澤雖存百里之提封如故則教養深仁先世行之而未嘗不力者猶待文王行之而天命始集也吾得釋詩之所謂矣敬止之心罕窺底蘊而所行則自契乎穆清試思密雲則自西郊風行則先南國人心之所附即

天命之所歸而章句敎陳可以循名而核實陰行之善莫測高深而所行則自邀乎帝眷試思父母興孔邇之歌壽考起作人之化國脈之所培即天命之所集而子孫作頌非徒揚厲而鋪張明其爲謂文王者而新命之事實皆爲國之事也此豈惟文王當行之者哉且夫舊章不能尋繹者愚也繼起必由先業者陋也志在有爲而不能勉循前烈者怠也遐想文王當日享國五十年絕少牧游之樂錫地七百里已膺式廓之增頌文王者一則曰亹亹再則曰勉勉道岸既決之以先登昭事更小心而無斁文之新命豈易言哉甚矣文王之力行也嗚呼後世人君亦患行之不力耳滕文之昭也欲爲王者師先貴師文王設誠致行是在吾子建大業於初基未免優柔而寡斷不知圖治莫

先於創始子胡不以今日之治滕作當年之治岐觀乎但使一
朝發憤而服文之卑服即文之田功則助徹之制行而懷保小
民者子也肇造之顯模不遠在行之者之日起而有功圖振興
於弱國不無畏難而苟安不知啟宇原不在强藩子胡不以彈
丸之啟事作虞芮之質成想乎但使宏此遠模而新文之棫樸
樂文之辟雍則庠序之政行而譽髦斯士者子也岐陽之鐘鼓
非遙在行之者之更化而善治嘻當子之世而欲相勉為文王
不且適然驚哉顧惟行之不如遂日誦詩言而終無以信其所
謂也豈子獨無由新命歟

綺交脈注婉轉自如

文王我師也周公

觀海集　林國贊

周王有可師之德，因還念夫言之之人焉。益道至文王固盡人可師者也，公明儀言之，能無溯所語於周公哉？且自文王之勤斂不述，成王則作頌以周公文王之一功，是即成王則見訓於周公，一時繼述無慚成文德者，殆莫如周公矣。顧至聖有徵眾之焉，前聖未遠，具足儀型，而遺衡有典，輔之勞，益訓所出，不遺嘉號矣。乃知稱謚恭者，其明德固有可臻，亦稱謚親者，其衣德允為可仰也。吾何以更念夫魯之公明儀哉？誠以顧常危懼，周公實始造之，禮唯繼而衍官禮之精，揚文烈者，惟周公作憲臨而唱恩勤之加，數文命者，：周公故君子觀臨保一郎，有開師傅，宜莫如周公若然

此亦言周公可為師非言周公所為師也蓋所師則文王云論備
毛離裏之觀周公實為文之子然子者所獨師者所同也師其治
法詩陳七月師其心法易繫六爻以為父即以為師而一德之欽
崇者至論天尊地卑之義周公亦為文之臣然臣者分所臨師者
道所繫也以補過為[illegible]作疲不敢辭以盡忠為師鴟鴞有必恤為
君道即為師道而寸衷之則微者精然則文王我師蓋言盡人可
師也今夫接湯之傳者文考師其道固足造其微衍文之緒者亢
公諮其人不徒聞其語蓋宇宙無不可圖之業就令質殊汗下究
不難以篤行承懷保之傳故觀逸遊田守文者要自奉周公之誠
則良俱具在允合規模而古今有難相信之人使非德極勤施即
不無以奇說駭顛家之聽惟明光上下衆迪者原不愧文王之昭

則道誠所存願瞻道貌蓋至此不得不還念夫周公已歌周公者狼胡寄興美周公者魚罭興謠周公誠為國人愛而茲論周公不爾也第以文之德光昭宮廟而宣猷有冢宰獨欲儕於凡事師事之儕雖高明者或可無疑而愚柔者不能無懼也則循名以核實而作恭作乎者此周公而勿參勿貳者亦此周公鑒峰鑿而信周公之忠詠鴻飛而喜周公之見周公恆為國事勞而茲論周公不然也第以文之謨顯著岐豐而制禮有元臣獨欲等諸可友可師之以縱強毅者不無振奮而暴棄者猶或遜疑也則論世以知人而恭肅從乂者此周公而閑邪存誠者亦此周公非我欺也觀公明代之言盡性者宜莫若師文王矣

文王之民　謂也　狄億

民之不失養也，無容舍王政而求其說矣。夫民無凍餒之老，文王之政使然也。所謂善養以此耳，而豈有他哉。且夫行王政而民被其效者，考古之上每樂循其效，而思效之所自來，然後知賢人在上無私恩，而仁人在下亦無私譽也。兩伯養老之政，其詳且要也如此。其心惟恐老者之不飽不煖已耳，由是而推視文王之民，尚有不足于帛之老而或遺之凍者乎？無有也。繭絲在御，燠內之黃髮，咸不暢夫履霜也。抑有不足于肉之老而或授之餒者乎？無有也。脾臑是供，百里之耆成歲不悲夫饔飧也。老者生其時，可謂和樂矣乎。而要其所以欽此者謂其德產之精良於然非文王制之教之誰為宜物土而布其利也經畫不出胷朝廷貨庸知其不棄于地謂是人力之普存欲然非文王意之使之誰為固人性而生其共也教化不浹于平日力焉知其不私諸己而吾因歎文王當日之為慮長也春酒介壽之風我豳俗之習俗自昔厚耳人情業處安樂則所望于上者必奢然文王之善養老不過如此而止也初非有殊恩以惠高年而歲月之優游卑自足行各親其親各長其長之內大道之公也廣施德而不用財此意即有世猶賴之一而吾因歎倘爽太公之所見遠也商辛肆虐之日凡者老之積棄尤不堪耳人情閱歷艱難則所釋于人必

本薄總刁輯字九林

暑而伯夷大公之謂善養老人必如此而止也不敢飾其文以徐舞

耆而日用之富有實取給于天地施生于婦農織之中大造之仁也

尊盛美而不言利此意非大老熟識之開盛德而深悟其端必有由

欽衍王道而既沒其實更無納奇焉伯夷養賊此謂其乃歎者治誂

尊以處其後殺之之故常欲以動萬姓而開王業不亦未乎

晡氏云若無篇于此說則人將謂文王之養老只知徒得尊養三

老五更以禮大而已後二股一說註中非案勝而人並之分作柱

一說輔氏說作林發得此之謂三字尤有精采注有得

無凍餒一層此字一層後二股狀足本題謂字一層繳清上文謂

本朝應行書跡雅集　孟子

字温醇秀潔看綫皆成玉煋

文理密察　　十四名王　瑗

析言智德皆生知所自具也夫臨天下必以智而至聖之文理密察已具于生知矣故中庸析言之閫之一日二日萬幾臨天下者之不能外智以為臨也明矣而統備于一心者何少也則且見其闊焉則且見其容焉則且見其敬與執焉甚矣智之德未易全也而聰明睿知之至聖則不然吾以觀其文文以言乎其有章也天地萬物之數莫不有自然之文章燦著于天下而撰之吾心無所為文者以發天下之光華闓孰甚焉至聖則舉宇宙之大文畢涵于生知之內而斐然可觀煥然莫掩輝光之盛固有振千古而常

原批映照有別理脈精切他家[illegible]

昭者則亦如川之漣漪成象焉已矣吾以觀其理理以言乎其有條也綱紀法度之設莫不有一定之條理整齊乎天下而揆之吾（原批韞輝六粲）心無所為理者以嚮天下之經綸紊孰甚焉至聖則舉兩間之至理悉備于生知之內而賾而不亂雜而不厭典禮之宜固有歷萬變而不渝者則亦如川之脈絡分明焉已矣然而不容則已疏也練達之主熟習於物情之變而計畫常周亦云密也而觀理未精往往以一二之遺致煩事後之補救其所為密彌縫其闕已耳若至聖之密未嘗有意于周詳而生知之內早有退藏于無間者纖悉不爽何異于川之灌溉不遺也歟然而不察則已昧也英明之

君時挾其意外之機而逆億偶中亦云察也而研幾未深往往以二三之見致令中心之眩惑其所為察推測徒勞已耳若至聖之察非必逐物以求勝而先知之內早有昭明而不蔽者隱微畢見何異于川之澄清畢徹也哉此智之德所以全也以云有別吾知其至足矣

浩浩落落題得此酬適之味正難

文理密察　王

文理密察

壬申山東 王希旦 三名

即知以擬聖心之德、幾至虛而境至實也、蓋非虛以澄其幾、而寔以儲其境奚以文且理密且察乎所為即知之德而遞擬之、嘗謂世有至人為能澄其一心之幾亦復儲其一心之境蓋寧謐之宰（二發完一搭之格）無物而物無不該渾穆之裏蓄物而物無或滯夫是以窺之無朕幾非名言所能罄也吾嘗由至聖之知以迭擬其心之德而知其（提法）心之幾為至虛而境為至寔也入心靡不有光明之宇惟萬物未（老）（攻透反面一層）至于當前而恒有物焉先入以為之主則其幾以拘滯而不靈矣百慮不歸一致奚能免於方寸之暗紊途殊莫要同歸無所辯於意念之粗跡神明之多擾錮蔽之未徹也以觀至聖安有所謂拘滯乎一念不萌無旁念以相參而瑩然者（正詮四字無不精切至虛）即以呈爍然之輝萬物未接無他物以相撓而湛然者愈以養秩然之本而且邃而深者常自若其嚴凝周而詳者祇自率其淡定舉一心光明之藴總歸於何思何慮之中文也理也密且察也以是為空諸所有之酴之停蓄焉已矣人心莫不有昭灼之天惟在我未深其根柢而驟而襲之欲寘物以為之解則其境以恍惚而不確矣物未交而無所用其懸揣究難掩夫暗索事未至而無所事於逆億卒難免夫粗跡浮淺之貽譏隱微之無據也以觀至聖安有所謂恍惚乎寂處

封義更朗無不精切至寔

而其中則靜、以涵幽隱之光而章美彌覺其有耀獨居而其內常貞、以握倫次之要而條理自有其不爽而且心無遺理之際而我有可憑理無雜入之境而事皆有準舉一心昭灼之明悉原於惟淵惟默之餘文也理也密且察也以是為確乎不拔之識之蘊涵焉已矣謂猶不足以有別乎此知之德也

虛寔旁分渾切智德格變歸于理王此謂奇而法　夏于門

逐字闡發如墻壁之堅而挹括不支有大氣克舉之幾合歸胡為一手　朱觀家

○文理密察

壬申山東　王恒晉

即智之德而析言之亦有歷歷可指者爲夫智之在至聖者豈一端而已文理密察固有可歷歷想者今夫四德之具於中者有仁以統其始即有智以要其終以是知實實之不足以度物而智之大可用也顧即智之德而渾言之均一靈通之不滯即智之德而分言之亦可遞推以相尋則試由仁義禮而進言至聖之智語天授之奇智固至聖之所獨擅也坐照之明迥出乎擬議言思之表（借上生知之智作襯）生是使獨固不妨特標其目以徵卓異之神靈而語賦畀之均則智又至聖與人所共秉也旁行之務獨全於仰觀俯察之餘惺然

常昭更不妨析舉其端而見先知之蘊藉則吾有以知其文矣夫人神明之內苟汝闇而不章自樸邀而無華章美內含庸有異乎以觀至聖靜默裕爵皇之表誦欽明者仰其思輝光儲睟盎之先（以巧思運古意錯確是文）紀紙承者敷於命有美在中其此之謂歟吾又有以知其理矣夫人徑寸之中苟采章之自喜或龐雜而易淆毫髮無憾庸有異乎以觀至聖神凝於指畫之前疏通者蘊黃裳之吉（確是理）慮湛於化裁之始區分者蓄毅振之全秩然就理其此之謂歟雖然慎其跡也從（峭折生動）來町畦過分則疏越之意多而縝密之意少至聖無慮此也心洗以藏而息之者深無間隙也命甚於宥而彌之者固無罅漏也是（確是密）

其密又有然者雖然處其雜也從來邃密遐深則纖縟之意多而

昭察之意少至聖無慮此矣往與來之皆彰而燭照數計昭以著

確○其○是○密○無○一○字○涉○假○借

也物與倫之胥明而顯微闡幽辨以晰也是其察又有然者是則

緜緜窮之朗照悉含於靈明之府真與至聖之生知胥可以智之

迴○應○提○比○密○為○精○理○可○參

一端括之而精瑩洞達微終始而離遷縱斂一心之有覺寔假夫

探索之私始知智臨之咸宜不嘗以智之四端成之而炳蔚昭融

極高明而皆備足以有別蓋亦至聖所必至者已

逐字細切不作影响之談而暗用成語隱而不露尤見十分巧

妙　朱歐舫

文理密察

壬申山東　王恒晉

即智之德而析言之、亦有歷歷可指者焉、夫智之在至聖者豈一端而已、文理密察固有可歷歷想者今夫四德之咸具於中者有仁以統其始即有智以要其終以是知冥冥之不足以度物而智之大可用也實即智之德而渾言之均一靈通之不滯即智之德而（剝而渾）分言之亦可遞推以相尋也試由仁義禮而進言至聖之智語天發於此、智固至聖之所獨擅也坐照之明迥出乎擬議言思之表（借上生知之智作襯）生是使獨固不妨特標其目以徵卓異之神靈而語賦畀之均則智又不、聖與人所共秉也夠行之哲獨全於仰觀俯察之餘惺然常昭焉不妨析舉其端而見先知之蘊藉則吾有以知其文矣夫入神明之內苟洨闇而不章自樸邀而無華章美內含庸有冀乎以觀上聖靜默裕裔皇之表誦欽明者仰其思輝光儲睟盎之先（以巧思運古藉確是文）絕祇承者數於命有美在中其此之謂歟吾又有以知其理矣夫人徑寸之中苟采章之自喜或龐雜而易淆毫髮無憾庸有冀乎（確是理）以觀至聖神凝於指蓋之前疏通者蘊黃裳之吉慮湛於化裁之始區分者蓄㱿振之全秩然就理其此之謂歟雖然懼其踈也從來町畦過分則疏越之意多而縝密之意少至聖無慮此也心洗（確是密）以藏而息之者深無間隙也命基於宥而彌之者固無罅漏也是

其密又有然者。雖。然。慮。其。雜。也。從來邃密過深。則。纏。綿。之。意。多。而
昭。察。之。意。少。至聖無慮此矣。往與來之皆彰。而燭照數計昭以著
（確是察每比編纖之妙以有了引倣借）
也。物。以。倫。之。胥。明。而。顯。微。闡。幽。辨。以。晰。也。是其察又有然者。是則
（否）（迴應提比寔有精理可參）
舉。無。窮。之。朗。照。悉。含。於。靈。明。之。府。直。覺。至。聖。之。生。知。胥。可。以。智。之
四。端。括。之。而。精。瑩。洞。達。徹。終。始。而。靡。遺。然。斂。一。心。之。有。覺。奚。假。夫
探。索。之。私。始。知。智。臨。之。咸。宜。不。過。以。智。之。四。端。咸。之。而。炳。蔚。昭。融
遜。高。此。而。皆。備。足以有別。蓋亦至聖所必至者已。

精理發以名言。絕無模糊假借之弊。非大神勇。恐道不着隻字。
張咨仲

墨硃　中庸

無〃語說向外面。并不假外面話頭作襯。題之難事已盡矣。汪宗彛

細膩熨貼。又復文采葩流。菑畬經籍。故不涉箋疏氣。汪章彛

文理密　王

文理密察　二句　　方苞

觀聖人之知而知其無所難於天下也。夫天下待於至聖而至聖之足以有別者。以其文理密察也。非自誠而明。烏能如是哉。且以一人為天下所受裁。則凡事類之變紛然而難至者。莫不各挾其義以相俟。一技之而不能辨。而下。下有以窺人主之淺深矣。雖然事至而能辨其事至而不能辨者。所爭在一時之明昧。事至而能辨其不待知其不足辨者。所爭在全體之優絀也。至聖之聰明睿知。仁容義足以執。禮足以敬。而知豈不足以知乎。我嘗見夫世之寡無識者。其於天下事。蓋之未有所蔽其有所蔽也。不於其蔽

才使如界泉

著心獨造

知之也情偽雜陳之地一事之裁制區為數說而皆若可行而
已之至昧析天下之至紛安往而不得窮也抑見夫世之不知
者其於天下事有所通而亦有所塞其有所塞也不於其塞
話說詞蔚
之時知之也參差互見之中此事之情形方之彼事而有所不肯而
欲以有限之知給無窮之無更端而不能無困也若夫聖之聰明睿
知則不然第見其參之伍之而文成焉經之緯之而理見焉退藏於
內而不踈者密也昭明於中而弗眩者察也亦乎至靜以制其動齊
播者約而及者廣如是而不足以別者未之有也又明之君時按其
原評實理得恰精白
意外之機而物莫敢犯此能別之一道也然恃吾之心思以逆而要

而文字空奇灵紛哉乎与韻子執持

之紛賾之途縱有偶然之中而君子不恃何者物物而爭之當其能

靖之理遁其所倦而忽不及防也若至聖之文理密察則循其理之

贊實

可據而已不逐物以求勝而聽物之自來相值於當前者一一自獻

其形而莫遁也天下豈無有事焉亂其神明而使之迴翔無主者矣

精

鍊達之主熟習於物情之變而人不能欺此能別之又一道也然極

筆意作者

閱歷以行乎百出不窮之際凡為已經之事而必不再來故夫

圖之偶有一二之遺觀其所用而即多未備也若至聖之文

理密察則隨其幾以相付而已無一物入其意中而無物之能外然

形而無變者一一靜涵其象而無遺也天下豈無有事焉出其意表

鄉試遺　文理密　庚午科

而使之審頃不違者矣。此知之德所以盛也。有臨之事所以全也。

獨狀與徑路絕而風雲通理境中奇觀也　本房暢棻庵先生批

文理密察 二句　　呂葆中無黨

至聖有大智所以治天下之紊也、蓋天下亦多故矣、使文理密察一有不備、豈足以使之有條不紊哉、此固非天下之大智莫能也、且至聖具五常之德、而其君臨天下者、則必以聰明睿知為稱首、故智也者聖人之所以成始而成終者也、然智統聖德之全、固能於天下之紛賾而覯其會通、而智居五德之後、復能於事物之統同而辨其殊、與則之之至精不足以與於此矣、一句則天下之物使之徒示其大分則雖微有明者而猶能見之、然陰陽剛柔之變、精析之每至于不可勝窮、而析之又析、往往至於無可復析之中、而猶必有可析之

（河洛精义）（誰道得如此分明）（社周只擬論正須如此）

瑣則雖有明者而亦茫然失也天下之事使之粗陳其梗槩則雖稍
古[illegible]於有[illegible]能辨之然吉凶利害之情微分之無至於毫釐千里而
知之[illegible]至于幾無可分之餘而尤若有必分之勢則雖有識
處然窮也則信乎別之難也乃若至聖之為能文理密察也
亦高華亦平實大儒之言
又見其足以有別云爾聖人之治衆也如治寡治衆如寡非徒漫焉
以命之也有數存焉耳蓋至德精微方其沉深靜謐之中而自有以
當萬物之數其文有以為之章采其理有以為之紀綱其密有以為
之節比其察有以為之區畫於是乎物之至吾前者咸各就其所為
無相侵也以之治寡而肅然整以之治衆而肅然尤整聖人所以聞

不論處事接物論人講學○凡喜儱侗悪分别者○皆是明不足也○所以大成始終○全在乎知○作者寓題發明○真有關係學術之言○

文理密

中庸

文理密察　二句　汪倓

觀至聖于有別有智之德者也甚矣有別之難也乃至聖之文理密
察者如此矣而于其別也何有哉且以天下之物之錯然而聚也而
至聖瞭乎其上問已區辨于不齊者則惟其知之有以周之而已矣
夫物之在天下也雖以類聚而亦以羣分夫果深明乎物情之所自
天下又孰得而散之也至聖之有容有執有發者固然矣而吾
之德焉即托于包容之廣乃寓物之維繫而識已不足
娖謂大廣者常無以辨物也甚矣辨之難也即求其綜核
然物之相當而神已不勝其自炫則好務小數者將終為物

庚午科

派別以之辨也而至聖之煥然而不揜者何其文也而至聖之
亂者何其理也而至聖之極天下之纖悉而不遺極天下
見者何其密且察也正人尚不見以有別乎數物之稍稍
流紀也而積當有深形也其情變變而和者有定情也夫固有
紛紜所不明所以然以條夫人也聽之也而至聖之神明默運者則其
是以權衡于不爽焉萬物本有不齊之勢而至聖自有無私之照也
波其所以操乎應感之先者固已精矣物之固然也其形百出而未
然無遁形也其情萬變而未始無定情也夫固有截然而不可紊者
也聽夫人也所以也而至聖之清明在躬者則其足以旁燭乎無纖

物本各呈其品以自見而至聖亦各因其質以相衡也彼其所以立乎事物之原者固已微參而察其無餘之也總華也其文理密察之自然者以研窮乎是非之介而辨析乎同異之端紛天下之遠近幽深人之所莫能辨者迄一經其鑑別瞭然適處而不能而至聖之為智也已大而至聖不即知也彼渠快其文想然萃之渾然者以毫髮之間而深明乎疑似之介而任天下之細微曲折人之以迄一經其鑒別離淡映焉然決可乃至聖之為智也已以般臨乎天下者也

而能得其神理不似楊伯祥唐采臣諸公止備哉其禮貌也

提得起總

庚午科

〇〇 文理密察試卷　　汪新

終舉至聖之德，一知之所分而備也。夫知而有一之或缺，德猶未全也。至聖之文理密察，如是而知之德不已分而備乎。今以知之炯於內蘊也，苟非以區而析之，則差幾之未覩即昭融之聖德有未彰。抑知裕章美於靈明，統貫者雜而不越，絕蹤塵于徑寸，密者晰而无紊，為之進徵其所蓄，殊覺昭融之體分備焉而歷歷可指也。是豈特仁義禮之德已哉。吾更言夫至聖之知德本生安，寧至一端之未修，尊使進窺焉而內含者昭朗闕汶，外來者難混。緒則性分內行而緒紛以流，經綸而幾先洞徹，惺期醇悠

傳形之多寡或以擬摸鼻而紛來精乎完尚識或昧於栢研則有
參中獨多缺略何以分異白而蘊厥章光而至聖固无億兆不可
夫德之蘊而為文乎不必謂簡略者絕少英明之鑒也但使本末
變者而或且細拘緣飾之端恐菁華之表暴終遜自大至聖則經
煒昭回心藏其緘輝光篤實美在其中不必自他而有耀彌覺會
章之可貞則其文也有是不觀天德之蘊而為理乎不必謂參互
者殊少區畫之能也但使次第排是而或不紊綜覈之勞恐又類
之分明條理勉強至聖則極昭曠于性源有條不紊剖微芒于度
內了若綱在綱既非治絲之或棼自覺貫中而通理則其理也有是

上夫空明之境地无多而欲以一心周乎蓄变掛一者寧无漏万乎若至性狗有以弥縫隙於灵樞而絶而不遇亦曲而靡遺則攝理所到之処皆精神必歷之郷而豈有寂一陳者所能彷彿与且繁賾之紛乘不一而欲於先事灼及幾微昧沒者不免多雜矣惟至圣更有以拔晶瑩於四照而明亦晳也亦旁通情也則我初不必敝其神物自不能窮其照而豈以察為明者所能比擬乎是知神灵超万物遇微焉而理各相承章之積也統乎周斯功乎與識之周也精不散斯神不昏而文理与密察自有同條共貫之妙灼袁无疆分著焉而德非一節光華素蓄弥徵脉絡之中存味潤

王会魁墨

註 會魁墨　　岳

光霽更渥紛紜而不眩則文理與密察又布德見分量之妙以云

剖別不更足乎哉而至聖之德全矣

兼挹條貫玉節金和　原評

春容大雅盛世元音　翁豐洲

兼挹條貫玉節金和

德積而含其美要即理存而得其悅

文理密察足以有別也　宋衡

智原於生知其德之著見者無或蔽也蓋智之德成於未始天下之先足以有別無一或蔽也（挖要語）故分著之而益信中庸承小德川流之意（氣象包涵）謂夫至聖之智由誠而明者也其智之德本于天而周于物散見于仁義禮之中者更非猶夫人之智也吾乃得觀于有容有執自然之（各處真正先正大家）終蓋智之根于生知者此日月之麗天也智之周于萬物者即江河之布也（先正手筆）無非聰明睿知之著見自然而流露者也故德之流為文章者為文（詮文字確）至微而至著如經也如緯也胡弗燦燦也德之流為條理者為理（詮理字確）條分而縷析如絲也如綸也胡弗秩秩也至其德之流于詳

薦南倣先正筆　　肅梅燕

細者曰察探賾而研幾猶容光之必照也無或疏漏也德之流于明（的是察字）

辯者曰察鈎深而索隱猶秋毫之必晰也無或訛舛也此其智寔猶（的是察字）

夫人也智乎哉人之智在道德至聖之智在先覺人之智在事理之

已形至聖之智在事理之未兆足以有別合容執敬而備四德之全（狀敷精密）

者如此以此總離即大人之四照也以此為觀即大觀之在上也其（精思妙語觸緒皆拔）

斯為智臨大君之宜歟

庚午名墨雖多得此允堪程式。文理密察畢竟以寔做四德為

正格而氣更排奡不板自是震川的派　楊振菴

○○文理密察　二句　　周思兼

聖人極天下之至明、而天下之事不足辨矣、蓋天下之事、不可以易別、而惟天下之至明、然後可以察其幾也、聖人備天下之智、以斷天下之大事、而語其不能別者、是亦惑也已矣、今夫聖人之智何也○天之所以擴其聰○而聖人所得於精明之氣以爲性者也○聖人以爲此吾性之智○而無有所謂文也○理也○密與察也○及自夫人而觀之○則見聖人之智○如是其炳於外而弗晦也○而文生焉○見聖人之智○如是其經緯於中而弗繁也○而理生焉○見聖人之智○如是其退藏於內而弗跡也○而容生焉○又見聖人之智○如是其明通融徹于上下而弗昧也○

而察生焉以是文而應天下之事也則文之所昭天下無弗精之義

[從文理密察寔講出所以足別精透]

以是理而斷天下之事也則理之所通天下無弗研之幾以是密而成天下之事也則密之所融天下無弗通之故以是察而決天下之

[上寔講二句已透此處只]

事也則察之所辨天下無弗窮之神何也其晦也繁也雜而眩也則

[此開合相形說醒出足以二字]

吾心之明且不足而况萬事之紛紜於吾前又何以應之也吾固於未感之先而知其不能別也聖人如是其文也理也密也與察也則雖精微之至且猶通之而况萬事之紛紜于吾前又何難于慮之也吾又於未感之先而知其不足辨也蓋有天下不可眩之明然後天下無不可斷之事有天下不可奪之識然後天下無不可決之疑未有

聖人之智。昭融其中。而其剖決天下之務。或至於顛倒眩瞀者也。然天之生夫人者一也。其所以授人之智亦一也。而聖人得之以文以理以密察。衆人得之以眩以繁以辣晦者何也。聖人以誠。誠之所發（探源）天下之明生焉。衆人以偽。偽之所發天下之晴生焉。（抉髓）故智也者天之命者也。誠也者。復天之性者也。而文而理而密察者。擴天之明聰者也。而眩而繁而辣晦者。失天之睿知者也。於乎此智愚之所以相遠。而天下之所以無全德也。

先疏明題中寔字。次將足以二字翻騰。局法前寔後虛。然其虛處亦從文理密察說來。未始非題中寔理也。

文理密察　二句（中庸）　周思兼

文理密察　　二名　胡懋勳

至聖智臨之德、無乎不備已、蓋不備乎智之德、不可以臨天下、而非文理密察、豈得為智乎、睿思萬幾之理、情形萬變、蓋有仁所不能斷義所不能決禮所不能定者矣以是知臨天下之至聖、不徒恃乎仁義禮而又濟之以智也夫人之于禮扞格不相入者憂乎其憒與離也夫憒則易厭離則易亂而吾謂惟其心之闇汶焉耳抑人之于理隱藏而莫辨者慮乎其纖與微也夫纖則有遺微則有蔽而吾謂惟其識之疎略焉耳蓋闇者不能文汶者不能理疎者不能密略者不能察乃或欲廣索博覽以求盡乎事物無窮之

變而紀載所不能及者有遺照矣綜覈名實以求悉乎同條共貫

翻處俱細切

之致而紛紜所不及究者有遁情矣而況千慮之得不能無一慮之失則心力俱不足恃而且洪纖之舉不能及節次之詳則推測亦所必窮若是將求其文理密察而終無以躋乎文理密察之域而終無以極乎文理密察之量此智之德所以未易言也惟天下至聖流藏往而知來斯旁推而交通志與氣無所昏則宇宙散殊之數高下參差而皆有以識其分清與明無所蔽則遠近幽深之

原批銀鈎鐵畫

故參伍錯綜而不至于有所遺其神明之默成不藉乎詩書不資乎訪問而自文焉而燦然而成章理焉而有條而不紊其精明之

更切天道

內緼不假于計防不待于億測而自審焉而無閒之可秉察焉而無微之不入一毋至聖所以兼仁義禮之德而以智臨天下也與猶肯剖字鑽響他家率如朱子所云對策者之亦策題矣

文理密察　胡

文理密察

河南王宗師歲入長葛學第一名　范聖功

終舉至聖之德其知可析言焉蓋臨天下者尚乎知文理密察非至聖其孰能之哉今夫至聖在上天下莫不仰之為神明稱之以亶聰（題清知字一筆）若是乎至聖固千古之大知哉使非其心思之內運者寔有其昭晰於宴藏則至聖之能事安得渾言之而可稱析言之而可舉乎吾由（直作四比老氣全斂）其密挑散而進言之則又見其文焉盛世之禮樂典章極上下四表而各予以光輝以是為文矣乎而至聖之文則其內為者矣其溥下（方是聖至之文）天者厚故有以萃兩儀之精英奕奕乎經綸之在抱而不可成於人者深故有以積千聖之懿美爗爗乎彩章之內蘊而不可窮一天出言有章尚有令聞令望之譽而況至聖之文本性術為光其（跌宕多姿）

明文庶　中

文庶　中

哉夫至聖文明在躬亦未嘗有意以自炫而佩服文之度者刊以

矣至聖之能若是也抑又見其理焉熙朝之庶績百司極委曲繁昔

而各予以整飭以是為理矣乎而至聖之理則有先焉者矣

至聖之理

天人理數之原故有以見精粗之異致可經可權而不復可淆也洞

物乎往古來今之故有以知久暫之異宜可察可與而未嘗或蒙

有照一宕文勢便不呆板

也夫誥令之善尚有如綸如綍之頌而況至聖之理由性始為條所

者哉在至聖萬理全凝亦止各予以所應得而服條理之精詳者則

股法变換

以為至聖之能如是也況乎神明默運而沉潛莫測者全如密矣物

莫不有其幾精以研乎成敗之所兆則成可圖而敗亦可弭也事莫

不貴乎豫慎持乎從違之所交則從者立而違者亦可絕一失一意

名言可佩

偶蹟雖極事後之綢繆而莫補一事偶疎或貽終身之玷乃莫償

至聖之密斯所謂不見是圖者哉在至聖慎密不輕亦止自安其疑

重之体而俯沉幾之先物者則以為非至聖莫有是能也亦且通乎

至微而燭乎至隱者察如察矣物之情偽有難測斟酌其所由來之

故得其一端而猶恐遺其一端也事之變化有難窮揆測其所終極

之處見其所必然而猶恐失其所偶然也夫一念或忽則此心之愆

發者已多一日或忽則身世之關係者益盡至聖之條斷所謂昭然

有覺者哉在至聖明察不昧亦止自率其虛靈之性而嘆神

照者又以為非至聖焉有是能也吾思至聖吾終何以擬之哉

且作四比正局也但四比中的確最難而四項中

妙句

中　理家　上

中　理窟

文獨以深思學力○摧破題眼的的確確中彀來

勝於地位并不露下有列神情○洵推理窟開山手○胡郎表

文理密察　別也

高層雲

辨天下之事者聖人之智臨也夫聖人之智豈猶夫人之智哉故不言其何以別也而信其足以有別者則以文理密察故令治天下孰不曰予智哉人性中各具一智而非生知之智則夫物之接于我者不有所不能辨也故欲處正而邪情得以惑之欲從善而衆說得以亂之如是以應天下之務則不勝其繁而明哲之用亦將自窮又何以臨天下唯聰明睿知之至聖一德也而分而求之偏德之體未有能仁能義能禮而不能智也在聖人渾爲穆爲無所恃其聰明之累而天下之人見爲聖人之兼總條貫者蓋仁而又義義而又禮禮而又智矣而且一智也而析而觀之用智之端始於爲文爲理爲密而

氣勢崢嶸

極于為察也在聖人淡然漠然祇自全其睿知之體而天下之人見為聖人之類聚群分者蓋文而進于理〻而進于察〻而進于參矣凡以臨天下之不可以無別也人主而和平忠厚周宜養福而亦所（為淡雄辨）以滋奸彼夫含垢納瑕者明〻也知其垢瑕而含之納之其亦自有說矣必非其心之暗者也襍者也緑且蒙者也人主之明歛苟細可與慮始而每至于急終疾夫尚術任數者一〻發其術與數而尚之任之其亦庥可久矣必非其心之昭其文也著其理也致其察而極其也然則何以有別哉離其質而獨焉無為貴別矣耦俱焉歛別之者貴天下亦耦俱之甚也（深入）第本其敬臨之德而參伍之而文生錯綜之而理見極深研幾而察與察精是未嘗役志于天下而是以通天

下之故也邪情之所不能惑也比其類而判焉亦何難別矣疑似焉故別之者難天下亦疑似之叢也第具其咸臨之智而文生于叅任之中理見于錯綜之際密與察精于極深研幾之餘是未嘗紛惑于天下而足以應天下之賾也衆說之所不能亂也然而聖人豈曰予智哉亦性中自有之智謀而已而孰及其生知之智哉不過率其性之所旁矚而已彼有棲于物者存乎自然則未有不能辨之者也夫聖人之于天下洵足以有別矣謂聰明睿知之人而以寬〻決事哉

心細于髮筆銳于鋒層〻說入無堅不摧　王季友原評

思極精刻而出之矯快行文之妙其猶龍乎故知不可以無[illegible]也

健卷

第九冊　卷二十五

文理密察　至　如淵

江蘇張宗師科文一
江寧十三名　孫戰熙

智與仁義禮而並足、可由充積而擬其盛矣。蓋文理密察、則知與仁義禮而並足矣。積於中者發於外、不可先擬其如天為淵之盛乎。且

原評和順英華

一人首出、德以漸臻而始全、聖蘊微識之高、卑而合撰、唯昭明有融以善成其天德、斷自中達外、而莫發其形跡、則始未言其發皇之

清出地步細

盛也、而洗心藏密、已合上下而莫與京、莫宜以聰明睿知之資而

原評渾一下　渾成不

足乎仁義禮之德、此其帝德廣運、擅神靈天亶之奇、內美中藏、具齊聖廣淵之量、盛德在躬、不且擬議而難窮哉、而未已也、不見夫為經

從題眼切

為綸含章而有握者非文耶、不見夫若網在綱有條而不紊者非理、

耶不見夫精詳周闊無隙可乘度務揆幾無微不燭者非審與察耶

神明彰有覺之天而邪正之辨在幾微是非之介在纖悉知來

原評有別況得逸露堂皇

藏往之天懷知臨大作哲之用而貞邪早燭於未然賢聖之辨於微

頃莫遁闡幽微顯之淵衷足以有別而恢弘大度非煦煦以為仁也

詳細周贍

裁制咸宜非孑孑以為義也嚴恭寅畏非拘墟文貌以為禮也然則

至聖有別仁義禮智之德於以克全而至聖有智聰明睿知之資愈

論衍史論

以雖量當其未出智固無由兆端即仁義禮亦深其積蓄時而出之

一六乘而轉理足詞贍

仁義禮因顯其富有即智亦見其日新其含弘光大難盡溥博之形

於好落出

而源遠流長莫測淵泉之盛其請溥博如天乎維天之命於穆不已

一神而化者至胃所以無方也至聖以仁義禮而秉夫智既先天而（二語甚精透）
不違即與天而合撰心涵太極形雖與而理無不同其諸淵泉如淵
乎維淵之深津涘不測流而不息者會歸所以有極也至聖以智而
兼仁義禮之用既窺測之莫窮更靜深而有本心符太虛象雖殊而
（筆筆挨緊更見老致）
情無或異要之非至聖以生知之質而裕夫仁義禮與智之德烏能
充積之盛如此哉極天下之至神而聖德無不備藏天下之萬有而
充積無不周而其發見也更不可名矣

彈補法密理足詞圓字字研鍊而出却不見經營之迹　原評

通體排宕氣機流走詮發透亮理竅中有掉背遊行之樂

文理密察　別也　韓菼

至聖之智德一如其川流者焉。夫川流言別也。而至聖已足之文理密察中矣。智德一天地也。中庸一書往往詳言仁智以該義禮久矣。夫仁之有賴於知也。故於天下至聖而首以聰明睿知為言。然而序四德則終及知何也。以唯學者自明而誠。故言達德以知於至聖自誠而明。故言聖德以知終誠於容執敬而進及之。今夫術也。聖人而不能相徧者。物多而聖人一也。而聖人之治萬物（神矣閎達）互有不多於萬物之效。故嘗出乎生生外以運其神明。今夫物之甚聖人以易於相適者。物小而聖人

有懷堂增訂全稿

精於萬物之材故嘗入乎其中以
參之伍之而有則可觀開一代之風尚而身為示也曰理分之析
條不紊合庶事之始終而預為所也曰密神之所常充不
曲為之防而自絕其隙物之所不能間也曰察覺之所素具不
必過為之術而自見其微物之所不能蒙也而後知至聖之知之
有餘也且夫吾嘗觀於天道而知其徵於上下之間者何相示以
別宅、境界如許
甚別也行之以四時明之以日月而於其間有山水而於山水之
間復有所生之百物一氣之所具舉初無可破之為害悖之處而
至聖之經緯萬端而不見有疑謬之迹者其體亦若是而已矣吾

雨大比收攝全部中庸至理奇文

嘗觀於人道而知其詳於身世之間者又何相求於甚別也學之博矣而必問思之慎矣而必辨而其問學則以理而其禮之煩至三百三千一曲之所推致自不覺精微之盡時措之宜而至聖之統紀萬物而獨先其如神之頌者其體則更自然而已矣故曰足以有別也夫是以仁足以〻〻能養而亦能辨也義足以執能守亦能權也禮足以敬能靜而亦能動也

之書血脈聯貫參得了當失予所謂滿山青黃碧綠無非是也若此大含細入思力所至真可拔〻〻牙而砌天襄

文理密察 別也 韓菼

文理密察 二句

江南 儲欣 四名

至聖有別之德以之知臨有餘矣蓋知則有別臨天下者所必需也非文理密察如至聖豈易言足乎聞之一日二日萬幾夫萬幾豈者言乎天下之至賾而不勝詳也言乎天下之至微而不易辨也是故知臨貴焉乃吾觀古來至聖之臨天下或稱作哲或頌如神至賾者若數計焉任天下之投之而不覺其紛至微者若坐照焉任天下之嘗之而無間

即抄擬挈中纖去上文可悟作文頭路

可入然後知至聖之臨天下不徒恃乎足容足執足敬而又濟之以有別也今夫事物之待吾別者大都別其大綱與別其纖悉而已別其大綱則無患于賾別其纖悉則無患于微然而有未易言別者凡人之知之不同量也有遇一事一物之來而茫然者矣若是者闇也陋也有進

句雋極

乎此者少則不昧多則疑焉是猶未能參而伍之也此大綱之所以未易言別也」抑人之知之不克究也有參得半失半之數而後然者矣若是者畧也疎也其進乎此者既得其九或遺一焉是猶未能推見至隱也此纖悉之所以未易言別也」雖然古今人主亦有游之乎詩書以求其明資之乎訪問以求其通又或用意之周詳旁行于計數以求其要

以總起為頓落

失而所謂事物之大綱與其纖悉猶在或別或不別之間若比比而是也唯天下至聖不然」其不假詩書而明者何也曰文也不緣訪問而通者何也曰理也未嘗有意于周詳而不旁托于計數而自然無失者何也曰密與察也文焉理焉而事物之大綱莫能違夫何患乎賾密焉察

筆亦回顧

焉而事物之纖悉莫能遁夫何患乎微以云有別至足也此知臨所以

一點便足

有餘而愈以濟容執敬之德于無窮也欸吁中庸之言至聖之德也蓋詳

區別顯界精于作解鑄局多用反勢大海廻風紫瀾澎湃應令河伯洋望而嘆　陸士廸先生

如此題入手极悶極矣才若無所用才智若無所用智文獨言之縱橫排宕無一厭氣放之凌虛歛之就範豈非名手　蔣梅士

中庸　文理　儲

文猶質也 二句

任啟運

賢者衡文于質而以為均重焉夫有質而後有文則文質不可相無而其輕重固自在也子貢相猶之論其矯子成之弊而又不能無失者歟想其告子成者曰世變日興固不可無補救之心而君子立言尤貴有持平之論子謂質而已矣何以文為是何視質太重而視文太輕耶古不尚文何相聚而為汙尊抔飲古不鳴豫何忽起而有土鼓蕢桴今人謂古人質而古人之意正自愛文也則欲湯質無為也今不俎豆而曰享我之意人其飽諸今不笙鏞而曰聽我之意人其听諸吾子厭今人文而今人之文正以將質也則欲罷文奚當也吾

（三句是答子成）（是發己意）

以為即文以衡質文猶質也更就質以衡文亦質猶文之也文質所自

暨○幾○博○

矣　的○當○

來皆原于[redacted]地則地事質而天事文固不得黜天道之光明為不如

地道之篤厚也況乎天事文而日月之光華固煥其彩即地事質而

山川之靈秀亦獻其奇亦何質而何文更誰輕而誰重矣文質之異

尚矣皆于帝王則殷道質而周道文更不得黜我周之官禮為有遜

議○論○犀○朗○致○微○實○處○但○見○靈○空○

于勝國之風愆也况乎五教敷商道本文而後世偏稱其質烝民

乃粒周道本質而後世偏著其文非徒質而徒文更孰留而孰去矣

然則子所云質而已矣明為重質而實以喪質也六子賦詩受貺者

即以見志二卿獻禮守典者亦以紓恭是質之不能獨立也明矣倘

必曰吾但取固陋者將誦茅鵠而不知子反許為有德歟蓼蕭而不答子反稱為達禮也歟然則子所云何以文為意在賤文而實并以害質也軒黃其太古乎而為雲為龍當日已傳其官紀唐虞亦云尚（高情性采拔倚卻無字不飾空出奇警）矣（催）而作繢作繪今白猶被其文章是文之振古如茲也明矣倘必曰吾無用此觀美者將結繩可治子深譬羲皇之圖卦畫為倍情草服已多子深嘉桑戶之不衣冠為得性也歟嗟乎皮之不存毛將安附吾固不謂文之可以徒行而毛之不在鞟亦奚彰吾更不謂文之可以盡去也子奈何欲盡天下而鞟之哉（結語雋絕）

章光焰萬丈其妙處正在無一語犯乎實也似此一篇如

評語

次猶笑

之文卻無一比一意不嵌空玲瓏泰山之雲下垂四海之

水皆立矣

文猶質也　二句

易道沛

文質有並重惟君子審其合也夫文與質尚之者各異而其重則一啬

蓋以為功者務矯之以其偏乎語于成周參之人莫知辭于文者（試子成憲起筆）

文也遂以為本朝所尚事大遠乎前人而求流所極儀更繁矣初載其（提〇古〇異）

必欲矯而釐定之者亦同非質不足以救之也夫救文而以質也則是

取文與質而分之矣取文與質而分之則文已為文而質已為質矣判（分〇說〇出〇猶〇字〇醒）

然者有先後也擬也柳文無所資于質而質無所資于文彼較然者有

歟之歟也若然是虞夏以上叢制陂物當已滅邃古之性情而至今（奇〇論〇妙〇怪〇喋〇不〇休〇平〇地〇發〇奇〇令〇人〇駭〇眩）

人道者何也商周以後分紀命名即不得謂自然之忠孝而至今

偶評　下論　己丑七七

偶評　下論　己丑七七

爲子臣者又何也則何得不平情而觀其所同矣今有人於此君

一比老朴戊先輩大家有力量文字

之欲致敬也此其心爲之乃必有其拜跽乃必有其飲食迹乎繁也

讀此可以悟良知家言之狂悖于道也

物者其外也而乃同吾一無所假於物賊手之與語以明擊壺飧之不

事以明朴則夫堂之人於我淡然者衆是以云敬也然則君子又何以

致其心於此人也此以知文之不能以爲文也抑君子之欲稱尊于是

人也此其禮爲之然則斝盞之陳止以通吾愛物佩芴之旋止以比吾

誠應乎藏之最者趨來或遠也而乃同吾一無所事于各當寢門之外

不以肅夫冠冕以觀衆之目不以律夫拜跽則夫祭矣之人于我卿焉

者衆不見有異于齊且敬者也然則君子又何以辨其乎是人也

以知質之不徒以爲質也何也凡人極紛縟致飾之事皆非以強其斯儀用婁胥事益出于矜飾而情自進于悅悃故聖人制作大備經非緣本性情以是日習于繁縟之末而不識爲煩苦也乃當世泰之者以爲吾之爲之其不敢不及也不知即吾之所存而不敢過焉者矣且古人于可畏可泣之爲一以擇諸欲凡樸悅歆茂養之哉乎喜愁之客發以具有兵樂之功故聖人忠尊所宅遂以傳夫刑賞以是日致其常氣之守而不終于冥滯也乃其下焉者亦以謂吾之所見其不以爲有即吾之所不見亦不以爲不足矣是故貴多者予外則貴少者予有以明體而有爲者以爲功文之猶質也即質亦猶文也君子

評　下論　己丑七八

兩評○

乎哉夫子其甚也○

論雄偉其氣高華○其致老朴○妙都仍是渾說隱然無本末輕重之

病在非具實力量氣魄不能辨此○良知家居然不笑門人疑之曰

吾惡人丁父母面上亦用僞也○嗚呼○此其爲貨也○其虎豹之鞟耶抑

犬羊之鞟也○哭踊有節以爲僞○飲酒嘔血以爲真○食稻衣錦○安即良

知○非披髮野祭之風乎○嵇阮以老莊淪晉○金谿以狂禪淆教○良知

而三矣○流禍一撥○非細故也○讀中二比○是破其邪遁之說○

文猶　如

文學

四川南蔣宗師歲入
麗池縣學一名　王謙吉

終羣文學之科、見聖教之廣矣、夫陳蔡之閒、豈區區文學所能濟乎、而當日之相從者、此亦其一科也、且聖人之設科也、教有四而文居其一、故及門之徒、大率身通六藝、而我魯亦稱文學之邦焉、然而名高忌生、遂來陳蔡諸大夫之懼、毋亦此一二文人實階之厲耶、則試（筆意剴欽）由德行言語政事而外、而並紀之、三代以上、初無以文章名世之事（恰是文學一字題）而宇宙之光華、積而必發、則雖以千聖百王之業、不妨獨命為專家、即聖門立教、亦無以學問標榜之名、而功力之所至、專而必精、則雖在共傳共習之餘、安知其不各有心得、噫、此文學之名所由昉也、禮

樂皆文之燦著也而善學者獨有以觀其深其得力有素也共此周

此照于涉

旋裼襲之儀必推而許之曰夫夫也為習於禮者則文學之目吾黨

已早有所歸詩書皆文之陳迹也而善學者恒有以神其悟其會心

此照于夏

獨遠也同此質疑辨難之時獨熙而稱之曰今而後始可與言詩則

虎合

文學之選夫子已心有所許將謂有文事必有武備乃當目莫容與

歎諸予共鳴其不平而文學者亦祇安其弦歌不輟之素將謂著述

者每在窮愁乃當日兕虎作歌及門亦間為酬荅而文學者仍自如

此意尤妙

其一辭莫贊之常吾知之矣儒者之一材一藝皆造物之所成居聖

門而為文學不過得其緒餘耳而天之困厄之者亦如不克焉蓋文

（眼完來蹤）

以鬱而彌章學以擴而日益險阻備歷之後將所為天地之變萬物之情其採索者當倍精也則雖謂陳蔡一團為造就文學之區可也

（乃欲軼千碎唾壺）

鄒文人之一見一聞亦造物之所忌況文學而在聖門豈徒是尋常博洽者乎而天之挫折之者亦不遺餘力焉乃文以抑而愈揚學以晦而益顯艱苦備嘗之際凡所為鬱勃之氣不羈之才其發皇者乃更盛也則雖謂陳蔡一團為表章文學之具可也由今思之博學成

（結語更名貴）

名數若啟四科之末而斯文未喪道已廣百世之傳聖門如游夏者亦曷可少哉

前路提清文學二字名目。筆力矯健。有龍蛇起混茫之勢。後幅蒼

涼悲壯如讀柳河東與王參元失火書　原評

闢照緊便無膚詞立論大便無細響文尚鍊ミ則警但鍊非縮幅為句縮句為字之謂也精神聚於尺幅光芒極於萬丈自可制勝於百萬軍中　翟瑚藏

文學子游子夏　　安潮

與難有文學兩賢可並傳矣蓋文以載道而學則道所由明也以
陳蔡之難而游夏與焉如之何勿思哉我孔子生周之季纂修删
定國立千古文學之宗也夫制作有符聖人開之而賢者述焉一
時身通六藝者實繁有徒而彬彬之選姓氏尤不可不詳故記者
其辭紙皇墳
又於陳蔡與難諸賢後而並志之大地昌明之運肇啟於皇古而
太歲於春秋故哲人挺生羣賢觀承夫筆削而惟宏深肅括之器
經陶冶而愈發其光山川孕毓之奇間出於句吳而全鍾於魯衛
乃命途多舛諸子咸遭此坎坷惟踐通淹雅之才歷磨鍊而彌

是其采然則文學不有足尚者乎由今憶之子游子夏是也文麗於天而學成於人文與學有同歸殊途之義焉第盡懸其詣則雖造物日儲其靈以待斯人之來纍而杖履追隨適形其樸陋吾恐杏壇之上亦闇然無色矣若游與夏非所謂依仁游藝而洩天人之秘者乎夫文采風流即得一二於言笑猶將屈指數之以流離顛躋之會而獲此名流耶我思其人固為炳炳蔚蔚之君子矣文傳於古而學得於今文與學有同條共貫之旨焉第徒存其名則雖聖人日揭其華以俟吾徒之發越而同堂晤對終不免於空疎吾恐鄒嶧之區亦晦焉不光矣若游與夏非所謂合志同方而

不索隱

文情閑生

領上

足於味餘

窮十今之與者乎夫博聞強識即獲一二於匡居猶將史冊載之況於患難死生之餘而得此殊尤耶我儀其人不愧喬〻皇〻之（淹○貫○百○家）碩彥矣論者謂言氏長於禮而以文學稱似也不知南宮習其儀節尚通夫玷之章滕氏宗其別傳旁貫尚書之訓孰非於禮觀其深者而謂優特以此擅能乎遂想大道莫容之秋有多文以為富積學以為寶者相依晨夕而不違則溫醇之象可以消亂暴之風（二股將游夏○互說煞）而平時之學道謙讓又其最著者耳論者謂卜氏長於詩而以文（得○異彩○電○爍）學稱固也不知立朝而奏皇華公西更嫻於禮樂事親而懷明發子與且授以孝經孰非於詩觀其通者而謂商第以此見重乎回

思匪兕興歌之候有紹斯文於未墜扶正學於不衰者相與流連
而不去則道德之容可以靖干戈之氣而平時之爾雅深純更有
足多者耳使二子而見知於時發為文章以詠歌功德何難信今
而傳後不僅為武城宰文侯師也幸哉鼓吹休明如振尼山之鐸
乃二子而遇人不淑厄於運會而匿跡韜光終覺有懷之莫吐而
竟以南方終西河老也悲哉絲黃金石徒懸闕里之堂文學有人
子所以思之不置也
切定文學發揮并切定游夏之文學抒寫蔚ㄋ離ㄋ雲霞隨華
而熱顧蕙穜　文學子　安

文學子游子夏

順治丁亥　杜　果

記者列文學之賢致足思也蓋夫子之門豈兩文學已哉游夏之稱亦適志其一時焉耳矣今夫論士於聖門果未易數其人也群品之分既各有所至英華之發尤並有所稱吾於德行言語政事之外文學由此其選也聖門著作之彦重於天下政緣美秀所鍾而敏妙之資有以達其精覈見聞不吝而名物之數有以悉其博裒一時人文之盛應乎方域所以產於吳者視融之顯爍有以蘊其神明產於衛者大河之淵鉅有以滋其文貌而游夏於是並鍾焉古今才華之萃必人與地為之交發故一方之文物闢之者常

起於一人意是時東吳之士孰先子游其師法之所傳當不止絃歌之流雅化也雖其彬彬於洙泗者固自備性靑文質之美而南方之學得其精華殆亦地氣參之使然歟學者經術之成必性與習爲之交資故六經之諷誦入其國而其教可知至今傳西河之上爰有子夏豈肄業之所及遂已離羣而索居耶當日洋洋於風雅者固自習溫柔敦厚之旨而齊魯之士得於天性將取爲師資者有在歟道術聽其並行能文者偏有所欲競故修辭立說之際每排異而取同本末之識先後之辨亦足以槩兩賢焉然道同師而學同業淵源之共遡自可借樂羣之意消其偏倚之私迺夫患難

（文人相輕自古〻〻恰得兩賢之閒）

相隔而平時將悟之見較有以相忘矣人心形於感遇立言者以窮而愈工故艱難險阻之會每情至而文生一時之述千載之心可以共為傳述也向以一聖而撫群賢上下之無交猶幸有文采之流慰其落莫之感所以造次相隨而佩服儒素之風真足以追念焉藝成而名已並師傳友教之列大小各有以自啓源遠而末益分東南西北之學支流皆可以共見思及於文學而名位之顯遊道統之升降均繫之矣游夏之在聖門豈真微哉

北史儒林傳序曰南人簡約得其英華朱子作子游祠記亦云

後漢徐防曰詩書禮樂定自孔子發明章句始自子夏文藻與

立論。雍吳雍衛。參合風氣。無句不切兩賢。後幅轉合陳蔡。情致便佳可與鹿門大士兩作鼎足而三。

文學子游子夏

李祖惠

終詳文學之賢其人足為聖道光也蓋文以載道而學則綜之矣游子夏不終足係聖思乎昔吾夫子表章六經躬承聖明作述之倫該斯文在茲而聖學不墜彼身通六藝之士疇不彬彬自淑抑有專以名其家者則尤大雅之選而羽儀聖道之助也豈特德行言語政事若而人哉夫千古之禮樂制度相積而益盛而儒者工

詞林墨府綜括無遺文筆高超獨入安溪

于著作又未嘗無雍容揄揚之事蔚藻采風流不克自異于人群誰深淑人君子之業矣而聞之名物象數要墳而不亂而吾人勤于取携亦遇有其精神嗜好之親蔚渲雅詼洽無以攝服乎人望

虹舟制義　乙卯三溪試藝　論語

殊負名山石室之藏矣為文為學其在吾門誰實當之無愧色哉
則子游子夏其人是已扶輿靈淑之氣畢在藝林沿而溯者且以
為河海之觀也吾子刪訂之餘文詞似非所屑意顧龜山猗蘭初
著紙欲飛乃非
積艷
何減風人之晤歎而游夏可知矣奏弦歌于下邑人依雅管風琴
數佐益
譜象勺於幼儀身幾知類通達有其文而學以實之而蜡賓之遊
親承惟偃閒居之侍請益惟商詩禮公諸吾黨若精微浩博正獨
有傳人也已聖賢蘊蓄之遠亦徵博物驚而異者且以為珪璋之
府也吾子多能是鄙淵雅自非所爭勝第商革蒔實復何啻爾雅
之蟲魚而游夏可知矣凜坊表于跬步來齋肆夏相見中和悟素

絢予繪事多寡質文相深經緯有其學而文以著之而約其化洽

論更出新要知此即變化氣質之功

未可謂南人特富詞章西河教衍豈得云北人獨長訓詁華實限于方隅唯陶冶成就為卓爾不群也已在當時七日被圍文采學問幾就湮淪乃兕虎興悲仍假平日之詠歌嘯傲以自排其不容

文學偏不能游夏寔頌

之何病惟游夏之默以自藏者長守此一辭莫贊之心一追一旦師辭獲免文章學術愈發光精乃俎豆循墻遂取平日之游息藏修

燕習啟事運化絕往

以廣衍尼山之教澤而彼此之本末交識者要非有同源異流之思顧載籍空陳其人闃寂吾子所為三嘆也

卓犖雄洸倍覺風流醞藉書味浸淫而發情鬱勃也　王坦齋師

逸與遙飛昔晉雋宕忘其用寸使事之痕　魚素齋

文學子游子夏　吳壽昌

得文學兩弟子而聖教傳矣蓋道之顯者謂之文人不學不知道聖教之傳不重賴有游夏二子哉聞之古稱不朽者三聖門之科則增為四誠以文學亦立言中事也而一則宣諸口一則筆之書（可作經籍志總序）故其事為較重且使德行言語政事三者著當時而施後世非藉此不為功其人所以足稱也我周一代文學周公創其始而孔子（何等開局）集其成自詩書易禮而外周髀爾雅悉定為經文著而學亦著道是以昌明於千載自刪定贊修以來周禮鄉官皆詳其說學精而文愈精道是以該貫乎百家及門三千通六藝者七十有二焉而

虛白齋存稿　人海草

僅僅子游子夏獲與此選耶夫子游吳人也吳自春秋末始通上國惟季札稱佳公子被髮文身固聲教所不及耳子夏産於衛老居於魏西河之上離羣索居亦非鄒魯禮讓之鄉比也乃子游于聖門則傳禮子夏于聖門則傳詩傳禮傳易傳春秋或道以之南或教以之北豈得以筆削莫贊而少之且英傑之生不限於地早秀之質不繫於年夫子年六十三而厄陳蔡考弟子之籍言氏少孔子四十五歲卜氏少孔子四十四歲於時一年止十八一年止十九也他日子西沮孔子以相才推顏淵以使才推子貢以將帥官尹之才推子路宰我未嘗及文學一人豈非以二子甫當弱冠

此意亦本朱竹垞集時文家那得有此根據

又借上三科作襯空中結撰

聲名未立乎然在吾黨安得不以此事相推也哉嗟乎使以二子之才遭際隆盛于馬揄揚德業諷諭衆庶名穆之矣音吉甫之作誦豈難再見不然而立諸侯之庭作訓詞備顧問亦博物之子產多聞之胥臣也而乃曠野是率兕虎同悲可不謂窮焉雖然在夫子則文未喪天學未墜地在二子則以文載道以學致道至千百載後猶令人追溯流風以為南學擷其菁華北學窮其枝葉實自二子始而二子不朽矣而聖澈千古矣

班范兩書論贊之遺

博綜羣籍用宏取精開拓萬古之心胷推倒一時之豪傑　秦端崖

切文學說起言游從

文學子游

張孝時

紀文學而首及一人，聖道南矣。夫文學為聖門之所最著也，然其中不止一人，記之子游，豈非文學之首推者乎？且自聖門秉斯文之統，而豪傑開風氣之先，則樂觀其盛者，得一人而已，足光大淮之沐矣。而況三代以後，才華日著，不表其科，則不知聖門之首文教也；不首推其人，不知名教之有真傳也。如四科之紀，所最著者則有文學。夫禮樂之化盛于鄒魯，而教及之澤半在山東，一時堂杏壇而親聖教者，類多碩士，于是文教遂滿天下矣。若夫蠻荊舊俗，一變為文獻之邦，吳越人文，若出于齊魯之右，致使稽古者流連往復，而思播教乎

東者一旦漸被于南知其中自有佳如爰是仰而溯之景而慕之落
曰非東國之文人不及此斯其人何人也曰[illegible][illegible]特在夫子游吳人
也恥文身之俗挍師東魯慕爾雅之訓遠紹宗風了游亦人傑也哉
或者謂春秋有孔子而文學一大昌明也宜其人文輩起而髦士蔚
興何有一子游不知得一子游而一方以為倡得一子游而天下後
世奉為規至今驅車南國見夫廟貌依然琴音無恙學士傚其風裁
文人採其雅度不啻登仲尼之堂親其車服禮器也子游不誠人傑
也哉然吾觀孔子之徒身通六藝者七十二人其鳴琴負劍者總皆
不離文學者近是何以陳蔡二圖獨以顏氏子為首望乎不知學游

之訓聞之熟矣鳴琴而治良有由也為夫子猶難干戈告警得偃
雅容都雅以周旋險厄與欽頑聽吾徒而中心則爽也況尼山在望
文教有歸將盛之可以致化成之雅衷亦可以廣名山之傳洪之蒙
難化方乎偃獨裝載而南使夫子從望東吳而增於之迄今子游逸事
不少概見即武城一地間有過而問者猶載弦歌之化于不衰噫非
文學不克至此若乃傳經授徒而稱以方之學者則更屬之西河氏
云

文惟俗不可醫此文大可醫俗　子師

文學

張景崧

列文學之科、而聖門益盛矣、夫文學莫盛于聖門、從陳蔡者不猶彬彬可溯乎、今夫德行者學之本、言語者學之末、政事者學之由

德行言語政事無一非學 語有身所

體而達用、而或疑聖門之學、務其樸不務其華、將不復有彬彬之

折到文字

選、列諸爾雅、則未知因材之教、有其備者也、夫子所思陳蔡諸賢

從文學二字探源

蓋有文學焉、天地之文、開于一畫、而不習于才人之耳目、則圖書

橫縱錯綜

亦為陳迹、故開之以學、而文乃盍、則古今之文、備于六經而不紊、以智士之心思、則典墳亦屬空言、故該之以學、而文乃有統、一毋文之不可不學、而學之所以在于文也、豈吾夫子之教及門顧無文

論語

白雲軒定本

學之科哉夫子以道之顯者寄于文東西南北之遊訪諮及乎官禮文之賚々于學者聞見文○學○陳○周○洗○除○宿○盡之中有精微焉而杏壇之講習其不能獨抱此緒餘俾二三子以弁鄙安也亦欲共彰明于道之顯者以探其精微已矣夫子以道之散者布于文刪定贊修之業作述備乎聖明學之孜々于文者詞章之內有原本焉而淵源之說教其不能徒鶩于聲華使二三子以記誦終也以下四比○抑○揚○綺○麗○開○合○書○段亦欲同彙萃于道之散者以會其原本已矣開○合○典○雅所可惜者詩書執具不足以禦戈鋋縫掖雖衣不足以當干櫓文之晦也亦學之窮也而一時之英華炳蔚幾河不掩昧于征塵擾攘之中所可幸者寇戎離燬不妨誦禮而教

論語

詩燹火雖虛猶有安然而煣纏學不離文也文不廢學也而平生（語錦桌肇）（風流楡映）之儒雅澤躬尚堪自廾𠂆贊是紫我之會小國無徵求文獻之思雖有客多材誹復蕪雜于故老再賞有未喪斯文之信則追隨患難依然統緒之在茲夫子慨想風流而寂寥黯淡中燦然見華國之才焉文學之科亦烏能相忘于游夏兩賢也哉

從夫子設教發揮文學論有根源端莊流麗並集毫濡 原評

是聖門之文學與後世詞章訓詁不同掃盡陳言獨抒新語 張魯與

文學子游

叢澍

記文學者首及于習禮之士焉夫聖門以文學著者不止子游一人而記者首及之豈非以子游之習于禮者深耶嘗考人文（雅善[illegible]）於東南論者謂風氣之日開至其後而始盛而不知南方之學得其精華在杏壇之上固已首屈一指矣吾于德行言語政事之外觀之昔者夫子陳蔡之困雖道大莫容與兕虎而一彈再鼓猶與諸（從下蔡說入題面）子從容講誦不輟豈非聖門文學之風積于中而達于外者哉（本色自成波瀾）然儒雅之素則身通六藝者人皆可自附于文學而成名一家能以文學著稱者則必首曰子游吾夫鄒魯之士文學本于天性而子游得

裔自吳服一朝登闕里之堂而閱覽博物名冠同游之士何也

清淑之氣游何幸而鍾其奇彼墳典丘索或能誦之得游而不能擇

擅其才洙泗禮樂之宗游何幸而佩其教彼韶漢武猶能觀之

游而不得耑美于前宜其欲能則學欲知則問然善則詳欲給則予

文學之材畢嘖嘖為吾黨所推重不置也雖然古之以文學顯者

必能藏名山副有司而子游則未聞綜核舊聞而成一書即今之門

文學名者亦嘗序風詩于春秋而子游則並未聞湛深

乎古乃當日之論文學者必首子游子游亦居其前而不愧者非無

說也蓋文與學其大者莫備于禮子游之在聖門觀禮

運之傳衣冠之揚襲威儀之升降一代之禮法無不嫺于其興一絃歌之休又能成學道之治其君子澤于中和其小人納于禮樂一時雅化未有出于其上此文學之選無有先子游者無疑也蓋以子游之賢挾其文學（起止相映）何難鼓吹休明黼黻廊廟而陳蔡之役走與德行言語政事諸人同困于曠野是豈文采之不克庇身與然而（抑揚得史公論贊之妙）為東南文學之宗雖篤信如子夏猶遜而居其次豈不韙哉

小小題乃可云偏該經藝特善論難兼工綴　○文學先序子游妙能箋其所以然

文學子

井九百畝

圭臬集　王岱東

播井田之區畝、其定數可考焉夫一井之中而區其畝爲九百、則畝之有定數也不已見井田之均乎、今夫田賦鮮均平之制者惟田畝無畫一之數也乃若良法留貽旣式九圍於四海即分一井爲九區後世第見其規地以授田不稽其準地以定畝又焉知九夫爲井固極區分之美備耶方里而井殆爲其畝計也夫井之養爲不窮似無煩畫地而處強爲畛域之分然井之義在能辨正無容越畔而譏至有混淆之患爰稽其數則九百畝云九之數處乎奇則有獨尊與偶之勢焉然一爲奇之始固尊無二上而九爲奇之終則耦俱無猜試從井外而觀各分爲三而適咸其九是奇與奇不相妨而實相維也何條理之秩然也九之數主乎陽陽則有剛健中正之義焉故五爲陽之中既剛健而不偏而九爲陽之終亦中正而無陂試從井内而觀五寓於九而九參以三是陽與陽不相淩而正相劑也何調劑之適均也且星長之繫於天也九野有分次斯宿離不貸其紀而畝取九百爲經爲緯之下井環於外畝列於内不啻崇效乎天而應分羅於九野抑方隅之域於地也九州攸同斯山川各居其宅而畝取九百一縱一横之餘井適於一畝分爲九一若卑法乎地而應期布於九州此九百畝也自井田昉於有熊而殷因乎夏周因乎殷固有亘古而不變者是即改邑不改井之道也自原隰本於禹甸而殷殊於夏周殊於殷固有與時爲變通

者。是又往來井井之義也。故惟高山大川。難析其畝爲九百耳。乃若有可井之田。即有可區之畝。而疆理之不紊者。畝有南東。井無廣狹。雖一成之地。皆可以九百畝準之也。而況在同井與抑惟圍廛漆林。難規九百以區畝耳。乃若九可因乎井之形。百即酌乎井之數。而疆陽之釐然者。分則百一。合則百九。雖十千維繫。皆可以九百畝推之也。而況在一井儆懸高而望經界之區。則九百畝之成規。按圖可攷。披古而思官禮之治。則九一畝之良模。尋册可求。其中有公田焉。八家所同養也。其別野人爲何如。

方里而井井

從新集 洪 鼎

井以里定可還按井之制矣夫一井之界必自一里而定而一里之界仍自一井而定也計之以方不可還按井之制乎且吾言井地不均則穀祿不平誠以井地之所繫者甚大不可不先定其形也而又不可不實按其制蓋經畫宜周形勢之縱橫必辨而規模既立疆理之制度可推古聖人所謂度地居民者亦已區畫乎郊圻更可進稽乎法制也百姓親睦井田實使之然則井田不綦重乎是以井養之戒垂諸大易井牧之職掌諸司徒然此特言已立之井而非言未立之井也則且計之以方定之里天子傳規方之制自一成以至一同均有不易之典至

限也以里而井於是乎起焉無論小都任縣大都任疆惟即井以觀覺不必問井之何以名也而畛域已分不啻周原之膴膴昭代啟閭方之法自一易以至再易皆有一定之程至區之以里而井於是乎成焉無論東西曰阡南北曰陌惟即井以觀覺不必計井之何以立也而疆隅既正儼然禹甸之畇畇審是而井之形勢不可稽乎顧形勢既明者規爲可按也蓋嘗即方里以實核之既不同園廛漆林或難限方隅之勢又不同大川廣谷或虞其道里之煩則一攬夫繡壤相錯之形知井之體至此而定井之體要非至此而賅也而區畫有成度田者何必泥成周之尺因而即方里以進徵之我疆我理既已循則壤之規或縱或橫亦且本不易之數則一驗夫經界不紊之後知可攷者

在井之名可攷者正不獨在井之名也而規模已具稽古者可以釋王制之疑吾於是不得不實按夫井矣法制苟非既定則分疆畫土安能預為之謀至切指之曰井則法制既定矣姑弗計邦畿提封一百萬井諸侯提封八百萬井惟以一里之所分者證之覺循其名尤當核其實也而郊野之申畫能弗參定制於先王疆土苟非既正則陟巘降原豈能先為之計至進按之曰井則疆土既正矣姑弗論四井為邑百井為城惟以一里之所畫者觀之覺居其民尤必度其地也而卜正之遺封庶幾緬宏規於鎬洛盡井之勢不容不辨而井之名不可不詳曷弗進核其數乎

方里而井　為公田　紫陽書院一名　秦　鑛

井既定而成數可稽而居中者有所尊焉夫井之制起於里而畝之數起於井尊公田於九區之中亦豈有外於方者乎且自井地之不行也國有一定之賦而無一定之田矣不知畫土之法統之有成數析其數而雜者適相埒程之有定形披其形而内者屬於上請先為子陳之蓋辨土宜以布其利而平原曠野不比城郭宮室之區故封建則大於百里而畫井則始於一里里之勢隘然積尺而為步積步而為里因所積而區之則規模可全也授土地之圖於職方一井既定萬井可以不勞矣相地勢以酌其規而截長補短不免左支右詘之虞故分服則以表

誌而分田則以方誌方則勢均而彙畝以為里彙里以為方因所彙而分之則條貫易撿也問形體之法於遂人一里既定萬里可以受成矣是以其為區也則有九焉縱之而為三橫之而為三以三相乘而實之為九釐然若網之在綱也經之而有四緯之而有四以四相維而虛之為九燦然有條而不紊也而一井之地不厭其有餘而其列為九也則各百畝焉環之以溝遂而溝遂之中畝與畝仍有各分條理之勢不啻列宿之各循其舍也別之以畛塗而畛塗之內畝與畝仍有自為擘畫之形不啻屏藩之各保爾疆也而一井之間無虞其不足然則其中可得而定矣凡數之耦者不倚乎中而奇則有中畝終於百其數偶井成於九其數奇也四正以藩其外而環而相向遂以定宅

中之模。四隅以補其偏。而布而相參。乃以立建中之極。王者奠
土中而朝諸侯。其道不外是也。於是其中則為公田矣。凡勢之
衆者。不尊為公。而孤則稱公。外為全井之衞。其勢衆。中為九區
之主。其勢孤也。齊乎匪頒。公之庶尹。救荒賑貸。公之萬姓。則取
百姓於一井而非以實府庫之藏。稍聚委積。公之賓旅。餼稍工
事。公之境內。則賦百畝於一里。而不徒侈羞服之式。王者大居
正而公天下。其意不外是也。是則剖方而為九。規九而得中。畫
其區。乃所以正其位。緣井而定畝。緣畝而定公。經其野。即所以
體其國。試進而詳八家之田。

方里而井井九百畝

觀靈集　徐廷槐

舉井田之制以示滕君準里以定畝焉夫不方不可以爲井準於里以定其畝而經界其有不正者乎且昔大章步經豎亥步緯而畫井分疆由是昉焉蓋畝準於里里準於步有步則有里有里則有畝滕雖小國乎苟行井田必以是爲準矣試與子言井田形體之制古者以周尺八尺爲步今以周尺六尺六寸爲步考工記車人職曰六尺有六寸與步相中是也古者百畝當今東田百四十六畝九寸二步有奇古者百里當今百二十一里六十三步四尺二寸於是而井田之法可得而言焉聞之人一舉足爲跬再舉足爲步一里之縱三百步方里則橫亦三百

步縱横皆三百步其中積九萬步焉以步百為畝計之得田九百畝焉於是九百畝之外設深廣四尺之溝每方各一溝上則以畛環之於此九百畝之中設深廣二尺之遂縱横各二遂上則以經界之其文如井字然環之則方里界之則九區所謂方里而井井九百畝者是已且夫環宇之大何一非井象乎自東海至東河為一横自東河至西河為一横自衡山至南河為一縱自南河至江為一縱兩横兩縱而成九州大而至於九州之界皆井象也小而至於一里之中亦井象也方十里為成提封百井為田九萬畝方百里為同提封萬井為田九百萬畝方千里為圻提封百萬井為田九萬萬畝滕地將五十里以開方計之僅得二千五百井要来始不可藉此以正經界也在天之象

常圖在地之形常方幾外近侯遠藩而其體方中國左廟右社其體亦方聖人準之以為井田而無所贏縮於其間畝或不同里無不同此井之德所以辨義也陰之數極於十陽之數極於九洪範授自神禹而其疇有九明堂詳及周官而其个亦九聖人法之以為井田而無所增減於其際邑猶可改井永不改此井之養所以不窮也自阡陌既闢而溝遂澮洫之備旱潦者盡填而為田經界既壞豪強者田日闢巽懦者田日蹙加以賦歛之重而民不聊生矣則何如按步求里按里求井按井求畝以復先王之舊規乎

九百畝

鶩針集　黄仰文

畝數定而井地均、九百之制可按、也夫畝非九百、則一井之地不均也孟子欲明其制、不可實按夫九百乎、想其意曰吾言五十畝以厚卿相二十五畝以厚農夫此特言待人之餘恩也而未按夫經野之實制若乃禹甸昀昀摩瞻百里之疆索而周原膴膴宜思一定之章程區畫其當明乎吾正樂為約計其數也方里而井是井非因里定乎今夫里之制不定則井之法不均井之法不均則畝之數不一吾試因畝以論井且即井以按畝古先王造我邦家自一通以至一終均有不移之鉅典若限之以畝則不得例諸一通也亦不得例諸一終也故縱之為三橫之為三釐然若網之在綱古盛時分田制里自一易以至再易皆有常守之規模若區之以畝則非同於一易也更非同於再易也故經之有四緯之有四燦然有條而不紊則畝之九百不可藉乎且夫畝曰九百一則取義於天焉一則取義於地焉天之數以九重而大包涵徧覆萬物皆賴其生成畝而定以九百所以合天之德也夫三農有九穀之生九耕有三年之蓄似九百畝之為民取資者固於天而無與然祝豐年者必曰自天降康也則當日制畝之初以九百而法天之九重此亦未可知之意也地之廣以九州而極博厚堅貞百彙皆資其滋長畝而定以九百所以因地之宜也夫九人重上農之食九月傳築場之勤九百畝之任人給求者亦於地而無與然論豳麥者必曰

其。則同也。則當年分畝之始。以九百而配地之九州。疑亦所或有之情也。是故即九百畝而推論之。九萬畝而為成。九十億畝而為同。豈僅九百畝而當為井。則不知成亦九百之所積。同亦九百之所加也。則考一井之定規。安得不切究夫九百畝。更即九百畝而析言之。畝區以百而為步。井區以三而為屋。豈獨九百畝而宜為論哉。不知步至九百。而步之名有必易。屋至九百而屋之號可勿論也。則稽一井之常數。曷得不明指夫九百畝。然九百畝之中。則有公私焉。不觀民之從事乎助法之行。大略是已。

束經酌雅。局度安詳。中二比如天外奇峰。可望而不可即

井九百畝其中

精萃編　鄭汝俊

計畝以定一井而據其中者可按矣夫井之為形以九百畝而定也而其據乎九百中者不可切而按哉亙自兼并與而九字茫茫既無從問厥井疆又何能辨夫中外哉豈知畫以井疆有所限而畛畦自判區以中外有所據而體勢維尊蓋合計之則堪舉其數亦分觀之則若握其樞也方里而井非為行助計乎夫井有九區以其中一區主之而諸區自為環繞區為百畝由其中一區推之而他區悉無偏頗矣稽畝數厥惟九百云法制苟無一定則此贏彼縮恐邱乘車甸不能於其中供之酌以九百畝而制乃定矣廣無可廣於以持九州之平減無可減由是

識九土之正地絕畸零覺非九百畝不可以建井也而謀畝有
獨善疆土苟或稍偏則有餘不足恐缶米稷秝不能於其中取
之準以九百畝而土非偏矣經緯錯綜不啻達九逵之路縱橫
交互何殊占九野之星畔安樂利覺非九百畝不足以成井也
而措置為獨精是九百畝也不足以定一井之田哉惟然而井
之規模不改矣封建有大小而井無異受祿有多寡而井無殊
以九百畝顯著章程覺徂隰徂畛非若國中之地多閒曠也則
數可指而畫也惟然而井之形體宜詳矣考營國而王宮獨中
居觀立廟而大祖當中處於九百畝隱探要領覺無偏無黨居
然皇極之勢握會歸也則彖可約為操也蓋畝雖九百固有其
中在也藪澤之地無以建其中偃豬之地亦無以建其中無他

不及九百畝則井之制不全即中之形不著也夫陰陽有和風雨有會聖天子乘乾出震特示宅中之圖故溝塍綺紛即近人之所創其為一井之中者無異也爲得貌忽而視之曰其中郊牧之隙地不必辨其中場圃之圃地亦不必辨其中無他過乎九百畝則井之規難立即中之義難憑也夫朝會維集道路維均聖天子握符闡珍聿表執中之式故疆理碁置即土會之所分其在一井之中者亦繁也誰不鄭重而區之曰其中其中為公田知公田在九百畝之中亦即 私田之中也而井之大畧見矣

跟定助法說來典核詳明法更□密

心之官則思　得也　　王鏊

大學言心之為職在於思而理之得失係於思也蓋人心有覺而思其職也思則理由以得不思則理由以失矣可不思歟孟子曰耳之官則聽也目之官則視也至於心獨無官乎官之為言職也蓋其虛以具眾理而性合乎知覺所以有探賾索隱之能焉以應萬事而理乘乎氣機所以有極深研幾之用焉寂然不動而思之神然於無感而遂通而思之妙顯於有是非心之官而通夫惟其然故於事物之來以窮思也則得其職矣心得其職吾見理自虛靈心與理會凡其所當然而不容已與其所以然而不可易者皆于我乎得矣是何也

意浮題為下文小者不能牽此

通徵生於思也思而理得則理為主而物為役豈能蔽之哉不能思

消用格物

為則失其職矣心失其職吾知窒而有礙物而不通凡夫理之所以

明諸

統於心之所以攝夫理者皆於此乎失矣是何也罔生於不思也

不思而理失則知已誘而物以役有不為所蔽哉吁心之思否所以

為理之得失理之得失所以為人之聖狂此心之所以為大體而大

人所當從也

講思為心官處刻畫深至下句不須言而解矣後來作此題者終

不能如此瑩白　李安溪先生

以大學章句虛靈不昧具衆理應萬事作註腳疏出心之所以能思

而以思為職處立義自能攧撲不破。下二句講得極其切實。都只是申明心之官句。以見心之為大體本來如是。亦能扣住題位。朱子謂禪家但以虛靈不昧為性。而無具衆理以下之事。起處從具衆理應萬事疏出能思。最合此旨。能剖出儒釋毫釐千里之辨。若空空說個能思。則下文先立句亦不免象山靜坐瞑目忽見此心中立之病。中庸序以虛靈知覺對言。虛靈是心之體。知覺是心之用。大學章句只以虛靈對言。則虛是體而靈乃用。虛是體具衆理亦是體。靈是用應萬事亦是用。則從玉溪說謂惟虛故具衆理。惟靈故應萬事。亦無不可。

心之官　王

心之官則思　二句

艾南英

揭心之所以統衆體者、而即思以惕之焉、夫心官在思故與衆體異也、然必思而後得則思要矣且人知物交之害緣耳目以累心而不知不善事心者究使心等於耳目盡心之職雖異於耳目而吾必使心踐是職而後可以為耳目之主、是故耳之官在聽而思其當聽與不當聽者則心之官在焉然非曰一明乎心之官而所以當聽與不當聽之理遂了然吾前也目之官在視而思其當視與不當視者則心之官在焉然非曰一明乎心之官而所以當視與不當視之理遂了然吾前也當萬感紛紜而天君内應此時謂

空明澄徹

之心仍其官則可謂之得思則不可何也百慮撞擾未始不與衆丁然於并決識不思句
交馳也夫惟惺然者不昧而後吾始能有思而是思也乃足以宰在內
衆感矣當一事未形而內自攖擾此時謂之心仍其思則可謂之
非物交物感則不可何也獨覩中涵未始不與衆俱疢也夫惟洞
然者無累而吾始謂能思而是思也果足以杜衆誘矣蓋耳目之
役以氣動也心之思亦以氣應也均是氣耳惟官在思而惕之以立乎其大消息可揣
思則以理馭氣而行乎感應之塗而無差耳目之官於吾身為視
聽之職也心之官於吾身亦腑竅之列也均是形耳惟官在思而
宰之以思則以性治形而據乎明聰之主而不亂然則心以能思

為職是心之所以異衆體也而以思踐吾心之職則吾之所以善治心也此之謂大體也已矣

心之官則思此思字雖形氣理欵在内思則得之思字方是慎思若兩思字作一樣看則下文不思者豈盡灰槁其心乎自詎上思字指其職守下思字乃其盡職處分肌擘理清思鋭入題障盡開

心之官則　二句　　　　解元　吳　錡

體以能思者為大以其有係乎得也蓋心以思為官則與不能思者異矣惟思則得之其所係不甚大哉且以衆體之役〻而罔覺也使不得一中處者以為之主不幾散而無統哉惟藏于不見之內而能運乎百為之交人惟寂處焉則已耳誠入萬感之中而莫與其秩然以統理端必賴之夫乃知其所繫者非眇也（所以為大躰）耳目之為物引也非以其不能思哉若異乎耳目而為大體者其惟心乎是凡體皆囊乎寔而惟心處乎虛寔者有時而累乎虛矣而寔之寔之累虛者其暫虛之運寔者上〻常也是體皆用以形而惟心用以神形

（有目絡括）

（緊湊思字并將寵齊字元神勝人以生）

科墨春得　　甲午浙江　　愛吾廬選

科墨恭得　　庚午 浙江　　愛吾廬選

亦有所而發乎神矣。而究之形之後神者其變，神之攝形者其正

也。夫心亦有官焉，則惟思而已。忘分動靜者也，而以靜為體者必

以動為用。何思何慮之中，心止處函其量，而端相引則彌長，緒相

寫○思○字○意○則○神○情○

對○月○日○得○則○字○語、氣○

尋則目出端然迫我以撓之欲往，夫豈與冥頑者同其職與。心兼

寂感者也，而以寂為藏者，即以感為顯。無思無為之際，心亦莫覺

其靈，而機無微而不觸，意有動而必通。悠然赴我以境之欲來，又

總作一○峽○從○上○文○落○

豈與偏滯者守其效與。且夫人之入物而多所役也，何以主之，而

筆○到○處○即○是○過○處○可○留○得○勢、而○文○不○促○下○句○夾○西○條○滋○巽○營○

內焉不為所蔽，何以應之，而外焉不為所引。從之。蓋一得焉不可

有○與○三○義○說○例○

必也，而試問得之，故則非思其何賴哉。夫思能達天下之有者

心之官則 二句 吳筠

也綱常名教之際事理要歸一致此亦極天下之有定矣未發而
君親之尊積誠可孚焉友朋之合素心相示焉古來大節之所昭
在在有以契其原則惟思之契者深也抑思能入天下之無者也
精義微言之旨意致既以是深此又極天下之無窮矣無端而千
載之隔如相贈答焉無端而千里之阻如相告語焉天下義經也
所薦一一有以發其藏則惟思之發者神也思則得之所係乎心
之官者如是五官各專其職而惟思之功主乎作睿百體皆効其
能而極思之量至于通微觀于不思則不得思之所繫誠大矣
清微之理淵穆之氣不事鉤源妙合自然其掄元宜也此有學
大科墨卷得 庚午浙江
存養之文叫囂者庶宜三省

心之官則思

金壇縣學師月　高　炳
郡本學一名

正言心之官、而其為體獨異矣、夫思者耳目之所不能也、而心獨能之、此其所以君衆體乎、且耳目以不思而小、若是乎思之為尚矣、然能各有所止、而官故不相兼、此豈可以責之耳目哉、則胥不返求諸心也、蓋心者處乎內地、而操物之權、本乎至靈、而制事之要、第人之耳目有物可名、而心則無物可名、以其操物也、則以心為寂然無事者有矣、耳目效羣動、而與物交、而心能靜處、而不與物交、以其能靜也、則以心為塊然無用者有矣、不知心固有心之官焉、因耳目之所委、而獨有以操其所委者、心也、心之官則思焉、因耳目之為物而有

有以制于其物者愚也愚有所必通而其所以通者非執物以出者
聞聽物而處也是故有耳能聽而因之以思聽有目能視而因之以
愚明夫聰明者耳目之所急也而實皆思之所致也則固不得曰耳
倒題解甚
目聰則而實可曰我心聰明矣蓋自有心而任此也專為思所以無
不至而其所以至者非乘物以往而又離物而遊也是故耳於以聲
用而此能聽于無聲目必以形役而此能視于無形矣無形聲者非
耳目之所遠也而皆思之所能達也則併不徒曰耳目視聽而亦可
曰心能視聽矣蓋自有心而專此也久矣惟心專于思故紛投所至
皆可以一心統之此非有多求于心也蓋能之所在即為貴之所在

心非思無以顯其能而思非心亦無所隸其事也則心之責獨無所諉者也抑惟心專于思故事物雖衆皆可以一心裁之之初非有所越于事也蓋其分所固然即其用有莫貸心不于思無以致其用而用不于思亦無所須乎心也則心之分絕無可寬者也夫知心之官有如此人又安得誣之以私而使下同于耳目也乎

柔透穆嚴妙青方有此文　賀梧菴

即借耳目聰明洗發思字清思錯錯大有悟門

心之官則　已矣

徐陶璋

心以能思為職立其大體而請全矣夫心之能思天與之而異於耳目之不思者也欲為大人尚其立大體而不奪於小者哉孟子若曰夫人一身之主宰為衆形之所聽命焉者孰有外於心哉心可以通乎萬事而其用不窮物患不盡乎心之職反使衆形之得侵乎其權而其人從可知矣而抑知心固不同於耳目之不思而為外物所引者乎試即心之官論之心之體處於靜有所動以效比靈者思為之也耳不能思而心之統乎耳者能思目不能思而心之統乎目者能思之則事至物來可安坐以得其理而其職不

嚮非是而終不免於昧昧也心之體虛乎哉有所感以善其應者
思為之也耳不能強為思而心以思宰乎耳目不能強為思而心
以思宰乎目思則度務揆幾可從容以得其故而其位不虛非是
而終不免於惘惘也思則得不思則不得而謂心非體之大者乎
此雖與耳目之小者同為天之所與而小之不敵大也亦可見矣
雖然論其本然之體則以大主小以小順大心固可統攝耳目而
其權尊觀於陷溺之後則大者見役於小小者蠱惑夫大耳目反
將擾亂一心而其柄竊夫然而從其小體尚安得為大人哉惟是（二義只以括養心之功）
敬以直內養其心之官而卓乎有以自主斯立其能思之體而耳

之欲縱其聽與目之欲縱其視者皆黜去於無形吾見大可以奪小而小者不復能奪其大矣卽義以方外正其心之官而確乎有以自持斯立其能思之體而非禮之欲亂其耳與非禮之欲亂其目者皆無緣以爲附吾見大不必奪小而小者自不能奪乎大矣（變化）以一心卻萬感之紛以衆體受神明之範奉事乎天而審其輕重之銜善承所與而去其倒置之患理無不全德無不備此爲大人而已矣不然心之官則思其如人之不思乎哉

隨題布格不事縱橫馳驟遂使實理虛神處處涌現持此可以藥粗莽之習

徐達夫大小題文稿　盡其心之合　虎澤阜室

紆餘為妍。卓犖為傑。理題中乃有此虛實並到之作。苟非邃養有素。斷不能造此境。五成

真膝的敘字。耐人點勘。而一片空明之氣。尤如月到天心。何處得着纖翳。日如

心之官則思

常州張二府季考　莊濬
武進縣學一名

惟心能思故惟心為大也蓋心之所以能宰形者惟其能思故也其為體不誠大哉且夫耳之所聞聲而已矣目之所見形而已矣自有心以為之宰則形聲之外更有形聲聞見之中轉多聞見是耳目之所止皆心之所至也何則耳與目皆處於散之勢而惟心獨聚聚者所以數天下之散也彼固可以引物而不引於物者也耳與目皆乘乎物之後而惟心獨先先者所以開萬物於後也彼固以我交物而不交於物者也（極于至大而與外）蓋心之蓋則思也一撥之而不盡者固義類之所居也當夫萬境雜乘亦極紛之而難紀而一入之於心則所積皆靈之証

則無極以虛相積其亦何所不受故能以其思游於衆虛之間耳目之所不能受者悉有以綜其類而理其本則其體之弘也濬之而不窮者固物理之所盡也當夫衆感紛投亦極浮游而難入而一索之于心則入之甚微夫微則有間從間而入其亦何所復禦故能以其思尋諸微渺之交舉耳目之所不能入者悉有以乘其間而抵其隙則其用之精也是故當其諧微之際耳無所用聽無所施而獨默運於聲音之表以無音之聞造為無聞之音雖無聲可據若有響可尋此時微有隱々開之者矣然以為有開則又杳然絕響矣當其索隱之餘目無所用視無所施而獨微會於形造之表以無形之見造

焉不見之形雖無其象之可求若有幻形之可即此時亦有恍恍見之者矣然以爲可見則又渺然滅迹矣意所獨往則境之遠者悉近心之所流物莫得而止之也情所專注則物之來者皆返心之所存物莫得而亂之也彼耳目之官曾有是哉故曰惟心爲大

惟思窮窮接之愈深非苦心孤詣何以有此學坡歎爲尋微之功不滅輪嗣良然

○○心之官則　二句

崇禎辛未會試　管正傳

嚴心於思而其權重矣。蓋思效職於心，而心還受治於思，人亦知所以尊其官者何在乎。今人之多從其小體者，勢便故也；舍而之大體，則常存於所難，而道出於所勉強。然聖賢卒嚴之，以為反之內自有其以相制者，而無假於物。制心實大已，惟心甚靈，能適物而去其蔽；非心甚靜，能不物於物而絕其引。夫至蔽於物而受之引，而君子卒無罪於耳目者，為其官固有所域也。若心之官，非思乎？還即良知之始，未有思先有心，是思也者，心之後天也；思繼心而顯，則心政於此廣其能。宇宙之賾，以虛中應之，而卒不苦於不相及，固有作其睿者

耳目觀有覺之體心之數寡思之數多是思也者心之散體也思載心而遊則心政於此善其治神明之德以克念守之而卒不若於不相攝因有止其械者焉蓋天下耳目行於有物而心則行於無物故其操之也其難吾定其官於思即以心之靈者予心以凝聰之端苟一念中而有辨其此為心即可識其此為思矣耳目以有物成物而心在統於無物生物故其關之也更淵吾還其官於思即以心之動者操心以府止之則苟念起情係自審其所為思即不必更尋所為心矣然則思以心而靈而思實操心之數也機構紛紜思有功亦不

全斷明句

能無過然心之變態而往皆第妄念而非思也思則多方而能得其

端之所自始將應念各歸其天猶思視得視思聽得聽而更何真境（更有妙義）之存乎然則心為思之宰而心㴱借思以權也聖賢養性誠于思尤神于無思然心之沖然而存者寡其用而非寡其體也思則屢變而能視其理之所居得內外各止其所耳目得其耳目所物亦得其物（此即人心聽命之義）而况靜正之本來乎乃知從大體之貴也

雜念割斷心宰思宰如冰釋的破後二股妄念非思寡其用非寡其体二股尤精艾千子云上分有人心在內得之則皆道心矣此危微之辨也思橅話云心則能思而以思為職凡事物之來心得其職則得其理而物不能蔽心得其職句緊頂以思為職來未見兩

思字有分也○安得以上句為有人心在内乎○朱子以人心為生于形氣之私○黄勉齋謂形氣在我○耳目鼻口是也○許東陽謂人心發於氣如耳目口鼻四肢之欲是也○然則所謂耳目之官不思而蔽乎物者乃於人心而言也若以竅而思字則皆精靈心言之朱子則以心原於義理之正此節謂心以思為職心得其職則得其理○可見○兩思字皆為道心也○至先立乎其大者而小者不能奪○則道心為主○而人心聽命焉矣○若以上句有人心在内○便與先立乎其大者二句說不去○

心之官則思　至末

鄭亦鄒

知心體之爲大則先立者爲大人矣夫思者心之神也得與不得皆係之孰謂大人可不先立之哉且天欲使人〻爲大人而皆予（渾意高文）以靜虛之心〻之體無所不涵而人顧少之此非耳目之咎也彼（二義湛闡到底）其所爲大者先自搖也夫大人則亦問之心而已惟心至靜〻則一事之不設而萬事之悉周惟心至虛〻則一理之不存而萬理（百遍洗淨無瑕此篇）之畢具心之官非思乎一念之內照可以究真體思若制命而得若從命也不然心有所動本然之理必乖格而不通一時之內觀（爲外物所動外物所蔽二義本之草廬以明静）可以復本原思以天動而得以神隨也不然心有所蔽固有之良（虛之義）

落下体局闊

必放失而難集凡此皆天也天與我以耳目即與我以心思觀常
尊之勢不立而後形氣之私有權一發其間抵其隙神明之地已擾
而不安吾以無欲者先立于至靜之中叅本體明而五官聽矣其

参知周程之辭靜虛之義乃圓

誰能奪之猶其生執其有寂感之交且滯而不化吾以有主者先
立于至虛之内鑑本原正而百體順矣其誰能奪之夫至大者立
小者治則天之與我我之得天亦可以無憾矣此為大人而已矣

語經百錬可敵范浚心箴

萬物之靈蠢爭於幾微惟真宰之既定而羣動皆融一人世之聖凡
起于方寸故衆職之俱從其天君必泰夫大人亦問之心而已

大含細入參為三才如此眼明手老其義始暢

心之官則思 二句　戴文熾

職思有官必思而理始得也蓋心亦猶是官耳而獨主心誠然思之不庶幾得之乎且耳目雖官也而亦物也而獨有官焉不求乎物而能物者惟心乎心失其官倦之而交之而引之將何以得之則思是人莫不有耳目之思之而始有耳目是知分任之官皆總己以聽惟心之官處尊獨秉爾鈞人莫不觸耳目而思必得之約執自而耳目始各效一官是知庶司之官皆奉命不違惟心之官權重獨當夫軸凡物有所之也即有所不之以所之攝不倦也若心之所之則靡不適境而生無論作聖作狂一意之先驅者為

東鄉云上句思字兼理欲說下句

秋灌州

（思則得之）（理）（適下無迹）

之導體似唔〻氣也坐馳飄忽早縱橫〻□之間心可以為變動不居之官也當其紛紜四出自有不瘝厥官之才特偉之不褻者匪任周流六虛而官自有守焉耳凡物有所至也則有所不至以所至原有涯也若心之所至則靡不至緣端輒入無論主貞主悔皆有一途之曠就者禍之招人亦處若忘也結想虛無難窮繼于方寸之內心所以為虛靈不昧之宮也當其窮極八荒自有無曠厥官之力特俾之無曠者重戒貽譏尸位而官自有職焉耳心也屏朋從之思而為無邪之思〻聽德惟聰耳何為而徒續思神遠惟明目何為而冕旒即令百感交乘真宰凝然而執政如秉鈞

者號令不出多門嚴自無由交矣思之所以見神伏于希夷一息之而立至其得之也豈必需之遲久也哉凜儼若之思方爲此淡之思〻聰以作謀官不亂于五聲思明以作哲官豈迷于五色就令非幾肎貢天君泰然以宅揆如嘗試者羣僚祇供奔走交亦無由引矣思之所感夢寐乎[illegible]形象尚求之而果符其得之也不可必諸須臾也哉寂然不動感而遂通心豈或同蔽于物無然畔援無然歆羨思乃適完心之官反是不思官有不任咎者矣

理精法密夭矯筆如游龍恍讀方城先生充類諸篇令人脊氣頓除神情

年楊文叔師

秋潭艸

作者得力多半機法遵隆萬俾題四自清楚而文氣亦血
脈貫通至其力厚思沉則又浸淫于正嘉天崇諸大家自協維
韻鏗鏘而出之者也　李化成

引而置之莊嶽之間數年　徐葆光

善學語者亦使之專且久而已夫莊嶽之間數年之久語有不易化者乎亦在引而置之耳且天下事莫患乎入之不深而漸之不久也蓋其助多者則衆而易入為時久者亦漸而相忘此其說得之于學齊語者矣夫楚多則齊不勝為楚大夫計莫若盡去其楚而專事乎齊咻衆則傅易孤為楚大夫之子計莫若禁止其咻而多與之傅吾聞齊有莊嶽者蓋聚而處者齊人居而游者齊人不聞其有一楚人也然惟其無一楚人而後可置一楚今日相聞者齊語交相訴者齊語不聞其襍一楚語也然惟其不襍一楚人之語而後可引一楚語之

康熙壬辰

人護引而置之其間焉朝于斯夕于斯楚咻日遠于耳久而不聞其（○稀○密○細○密○）
聲日而月之而嶽齊人日援于前不知誰為傳如是者亦有年方（○閑○中○緊○　●步○驟●）
其始也入乎耳而猶離乎心所見無非齊人也者而習焉安焉閱歷（○機○妙○見○為○奇○）
乎歲時之久及其總也得其新而猶襍其舊尚自覺其為楚人也者
且游焉息焉漸靡于習俗之囂嘵乎夫非楚大夫之子歟已儼然莊（○累○積○數年○易○走○入○）
嶽閒之一一齊人也眞引而置之於不已數年至積數年之久雖心思（○下○又○一○總○則○緊○疾○寬○　○引○滿○）
嗜好且不離與習而俱遷而何有乎言說莊嶽之間其子弟父兄同（○倒○縱○之○勇○不○讓○占○　○面○好○亦○收○處○有○寬○而○一○語○）
已與之俱化而何需于傳遷而思方域懷水之區而故地山川不齊
觀之為異同境而聽南蠻鴃舌之習而故鄉音遠亦斷然其為土音

雖日撻之能乎

氣清詞潔，除萬雅製。全是先輩筆可題法。成綱發

細意刻劃，景真語妙。莊子之說，關離豈復多過。前半將題句承字折開，層次安詳。入數年後，意盡語竭處，將不有餘義。門師云：諸作中畢竟此篇第一。

引而置　徐

毋意毋必毋固毋我

秦道然

善觀聖心者、觀其所毋而已、蓋意必固我、人心之所無、而常情之所有也、毋之斯為聖人之心歟、試者若謂人心皆純乎天、而常人不自知也。日以情識之無窮、相尋于萬物往來之際、而誤以為心之神明變化者在是焉、無怪乎其去天日遠、而惟凡人所誤以為心者、至於聖人而盡忘、聖人之心、亦惟此純乎天之心而已矣、試以乎之所繫者言之、聖心之不期而絕者、皆人情所不能強絕者也、聖心之一絕而皆絕者、乃人情所相因而不絕者也、以無端之私見、創自前未有之情形、以預設之成心、豫將來自定之物、則為意為必、蓋人之同此

三代後人物多如此、若將四項作俗見看、則大錯也。

劉批：鑿然是意、鑿然是必、一字不落影響。

本朝考卷鈔雅集　論語　康熙乙丑

情矣凡事每物于偏見而不知萬變本自無方起念止南于一身而
○刘○批○圓○叙○亦○流○得○精○確○
不知萬類原為同體為圓為叙久人ゝ同此情矣一蓋凡人皆緣物以
○刘○批○直○接○四○句○氣○
○聯○甚、緊、題、中、四、毋○字○五一○齊○醒○豁○ ○敬○心、二、字、好、、 ○各○有○確○語○分○
為心而有則俱有聖人則從心以付物而毋則俱無何思何慮不為
○貼○ ○各○有○四○項○圓○網○
未事之將迎欲雖有灼然先覺之明而非責也時止時行總在當機
之順應欲雖有確乎不拔之識而非必之一聖人非遊移者也而以情
順萬物之情而無情其心之明通何如者而寧有固焉一聖人非任達
者也而以欲通天下之欲而無欲其心之公溥何如者而寧有我焉
○補○出○二○意○明○潔○安○墨○通○
若是者論其所安不殊常情也所以至然學者勉焉而不能繫者近
○備○一○見○一○元○閒○養○此○黑○字○地○步○方 盡
之而未至自非聖人孰能臻此境要之四者之于人雖各能為累而

意實為之先蓋靜虛之體既失則憧擾不寧而三者遂緣物而畢集（此謂中都于意之發）學聖人者其必以慎獨為要哉抑四者之于一心雖相生為患而我實（此我又生意之一說）為之原蓋大公之體既虧則偏私百出而三者紛應念而俱來學聖人者其必以克己為務哉記者誠善觀聖心矣

中晚格律初盛詞理　成綱齋

守淡作至矣此文刻劃亦已窮盡囊評云篇法小變而義理則一無所異原評下照事前事後着落四項與旁二股中間平分四項後幅意為之先一股四項直下我為之原一股四項循環或書其後云四者有一焉與天地不相似天理一貫則無意必固我

本朝考卷時雅集　論語

之驟讀縱橫二條此是何等氣象余謂公且道是何等義理蓋
去天理一層只緣去私意便了註却止存四者有一之說固謂
四者各是一病此存橫渠二語然此不幾截謂毋意必固我是人
欲淨盡須識得天理流行吾謂此便是天理流行若佛氏只是一
無私意此念已成固必如何得天理流行也

毋意必　秦

毋意毋必　毋我　　秦道然

善觀聖心者、觀其所毋而已、蓋意必固我、人心之所無、而常情之所有也、常情之所有、而聖心之所無也、毋之即為聖人之心耳、記者若謂、人心當純乎天也、而人不自知也、日以情識之無窮、相尋于事物往來之際、而誤以為心之神明變化者在是焉、無怪乎其去天日遠也、惟此人所誤以為心者、至于聖人而盡忘、聖人之心亦惟此純乎天之心而已矣、試以子之所絕者言之、聖心之不期而絕者、皆人情所不能強絕者也、聖心之一絕而皆絕者、乃人情所相因而不絕者也、蓋難窺聖心之所有、但觀聖心之所毋、而欲觀聖心之所毋、惟在

春作……其獨

人情之所有事理本在天下非干吾心有倚伏之所也而人試自驗
驟然是意驟然是
此心果能一無所與乎以無端之私見創目前未有之情形以預設
心一字不落影物
之成心慢將來自定之物則為意為必蓋人々同此情矣因應本屬
偶然非干吾心有留滯之迹也而人試自驗此心果能一無所執乎
周我亦旅行精確
此事每拘于偏見而不知萬變本自無方起念止由于一身而不知
萬類原為同體為同為我人々同此情矣蓋此人皆逐物以為心
緊題中四母字一齊醒解
直接四句氣脉甚
而有則俱有聖人則從心以付物而毋則俱毋何思何慮不[illegible]未事
確是此意
之將迎敘雜丁人然充覺之[illegible]蓋非意必時止時行[illegible]順
[illegible]非必聖人非遊移者也而人[illegible]為

論墨

第九冊　卷二十六

孔子不悅於魯衛　一節　　王庭

當阨無所苟主、則聖人足白矣、夫推行之易見、訐莫如阨、過宋而貞子卒是主焉、他更何所疑哉、且聖人之行事無不可昭信於人。而世猶或誣之、則大都托於委曲行權之說、夫行權之說莫於處變為宜而當之不失其正亦既可以白於天下矣、癰疽侍人、孔子不主、非惟衛事可據也、亦嘗再於陳宋之間觀之、蓋其時孔子方自魯適衛自衛之宋問其所由則誠有不悅云、夫以孔子之聖歷九州而相其君當亦何所不自得而猶然不容父母兄弟之邦豈

說不悅處亦舊出孔子之擇主

非其崇勵名行矜慎交與不少自貶損以至是乎至宋而久有桓

領句分明

司馬之事彼衛之彌子尚思鄉之而宋之桓子直將殺之也噫何
所遭之愈甚也雖孔子信其德之在天既於心無所懼行其素之（重）
（寫微服大雅）
在我或於明有所負微服而過亦可云卻曲之行推移之術矣是
（頓當阸句）
時孔子蓋當阸也夫困阸之際事有所難平居嚴氣正性落落無
（借微服）
所顧忌至變而委蛇周旋豈遂過哉且也賢者守節至人達權如
（句作頓挫讀出注中雖字然猶字虛神）
微服之事亦既有端矣則以癰疽侍人之說推之意不妨於此時
者而於稽其事惟司臣貞子為陳侯周臣者實主馬夫貞子宋之
賢大夫也在宋而以其官名於宋其時則又陳之名卿也在陳而
又以其君著於陳以孔子主之是豈有謀面之難失足之慮乎哉

孔子不悅於魯衛 一節（下孟） 王庭

而要以當阨時其所主不苟有如此夫利害交於外者是非亂於
中聖賢權宜之名正小人變易之實疑似之防不可不慎是故聖
皦醒明爽意
人有韜晦之事而必無假借之圖有儉德無失身有善全無苟免
觀於此亦可以信其生平矣

因當阨而微服借此為釋，來作波折是前輩斲者斲之、法深粹有本何其言之文也其骨格甚似黃貞父而意度安詳又幾於胡思泉矣可學者竟以奇目先生不知非通乎至正之理又惡在有非常之文奇園須辦取本來真髓耶陳字少章亦云此稿中壓卷文字 何義門題要在當阨句言當阨而猶擇所主。則齊衛無事時。必無主癰疽侍人之理可知。文從微服句頓跌而下。與猶吞與婉轉傳神。學爵。康而不劇。詎欲以疎快為能。劉禮興

孔子不悅於　全節

江南鄭宗師科試
上元縣學一名　趙志弘

覆危而不苟於主則無事時可知矣夫在齊衛之時非當阨也當阨而不苟於主奈何於齊衛誣之嘗謂論古人者貴取其素行而考之而考其素於從容暇豫之時又不若考其素於危急存亡之際孔子之不苟主寧弟於衛而必主顏讎由哉彼時衛卿之得失何關軀命發倖之從違非同險阻乘禮而進度義而退以命自守介介者猶或可勉也若夫禮之所不可化義之所不可裁命之所不可知非常之變無故相加幸則苟全性命不幸則竟歸兇暴之一燼豈非當阨時哉而孔子當之又何如也夫孔子之阨莫甚于桓司馬將要而殺

衍提當阨二字清勝文筆亦方

之也而孔子何以見阨則以不悅于魯衛而去衛過宋去宋適陳也（魚次爾讓）
是時尚服擇所主乎乃孔子之所主者其爵其論班班可考始官于
宋而有榮名繼仕于陳而有一德蓋同城貞子為陳侯周臣者也嗚
呼何其慎歟聖王不作而天下莫宗不遇於魯不遇于衛時不可問
矣而復濟之以司馬之惡此一過宋也是東西南北之綫無所適歸
者也（氣韵沉雄）而來連往蹇猶切同人豈非守禮義而不易者哉賢人高遯而
環轍徒勞遲遲吾行惓惓三至人不與易矣而更懾之以桓氏之鋒
此一微服也是薛甫縫掖之不得安其素者也而出險濟困猶嚴比
匪豈非能知命而不憂者哉將行將藏見幾素明何去何從擇交倍

（二比寫出聖人全身）
謹尚且冐昧之失孰得而加之無心之應妙于行權可宗之因安于守正無入不得之懷孰得而亂之乃好事者猶妄借以為口寔焉非惟不知孔子且不善觀人矣

格律老蒼幽敷

孔子不　　趙

孔子曰大　名焉　清湘集　陳景濂

則天難名大人之事也夫堯一憂民之君耳而所爲要莫名焉非與天同其大乎是可引子言以證且無爲者天也有爲者君也顧以君之有爲體天之無爲而民究莫測其所爲然後知有爲之爲民能喻之無爲之爲民並忘之彼沾沾要譽於民自謂無所不爲實一無所爲者皆不足言體天出治之君者也說見於孔子之論堯矣堯非即憂民之聖人而以大人之事爲君事者乎然而所爲究不易見也吾觀於天吾恍然於堯之大矣天不生堯於天下已平之日則舜有使禹有使益契后稷有使天所不能爲者皆待堯爲之是憂天之憂者惟堯爲天之爲者亦惟堯也堯所以廓然大

也天不生堯於橫流既遏之餘則水宜治火宜治稼穡人倫宜治天所急欲為者皆迫堯為之是得堯而天可無憂亦得堯而天可無為也堯所以大而化也惟天為大惟堯則之吾意斯時歌光被者民頌時雍者民堯既無愧於為又何愧於名哉夫人當異端蜂起苟非即聲名洋溢者驗膺運之全神則彼之遠慕皇初轉得以帝力相忘自藏愚拙而立極繼天之聖郅治或近於虛無然人當異說爭鳴苟徒即名譽著聞者測允恭之性量則彼之務崇末治反得以驩虞小補要結輿情而欽若昊天之朝聖化曷形其廣遠蕩蕩乎民無能名焉非余一人私言也昔孔子嘗論之矣且夫無能名與無可名異無可名者君自弛其為之功無能名者民實忘其為之迹也讀史而懷恭讓之風土簋藜羹即倫久傳為軼

事。而名要不繫此者。蓋堯為君所當為自不為君所不為。知大人抱獨不言。億萬姓殊難窺測矣。所以刪書始陶唐。若預辟後人荒遠之說。而聖言可證。安得謂窮於擬議。不超出乎聰明天亶智勇天錫以還。且夫名無能與名無稱又有異。名無稱者所為莫副所名。名無能者。所名莫譽所為也。詠詩而考虞詩之舊。山樞蟋蟀儉勤實本諸欽明。而名要不在是者。蓋堯有必欲為之事。自有不必為之事。知大人首出庶物。十二州並謝識知耳。所以淵源承洙泗可奉為吾儒論事之宗。而盛治非遙。更何待譽偏寰區。始卓立於禹曰成天。稷曰配天之。更覩之舜。皆用心於為君而已。遑暇並耕乎。

才難不其　為盛

六名　王慈

深思才難之言始知才之獨盛于周也蓋才之難亦難于其盛耳不然纔美奸斯者寧第唐虞之際哉夫子為之望古遥集也且宇宙縣飳之業責諸群材而多士風雲之會開乎國運斯亦世道升降之大凡也第非上下千古以觀其聚必無以進退百代而折其衷如謂一王肇興佐命景從斯亦何代無才而才若不勝其鄭重之思者何也蓋嘗立乎昭代遡中天而不禁有感于才難焉川嶽精華之氣間世一鍾上帝亦甚吝惜矣哉然豈無虔降其會者何以咨嗟太息若長抱是才之憂則誠有慨乎其言之也帝王

下語未穩

起局冠冕貼題近泛

隨○筆○有○伸○縮○息○全○在○上○二○節○三○來○

○正○還○首○一○句○語○中○有○味

而康　山東

　南宸　山東

作人之化百年後興朝廷亦勞憂憇矣哉然豈無應運而至者何以溪望興悲若深切憐才之念則誠有味乎其言之也（此筆人不能下）其然乎其不然乎且夫才之難固莫難于極盛耳皇古以前豈無佐命然羲軒迭運雲火未際其昌風牧多材襲贊紹逢其佀（混成氣揚辨情高厚）沕穆之未開非所論于文明之世也未可以言盛也（此筆妙）夏商以降代有奇材然盛（讀書得閒）與稷合謨猶分帶殘之光說總伊作命已成隔代之事必迪簡在（換筆奇警）至逮於詢于師濟之朝也亦未可以云盛也求其盛者其在斯乎斯之培養也深菁莪棫樸已興賢育德之有年斯之敬求也殷（緊筆精警）灼見克知亦遑茹彙征之有素向非唐虞之際則斯之才不嘗曠

千古而獨盛哉聚神聖之材于一堂唐非故留之以貽夫虞也而元首受終並無寧育材而段之是五人者固陶唐所不得而私也至于斯而周召著分陝之績望散亦名世之英宜曰極盛難為繼○正○遂○于○斯○盛○矣○乃○行○常○後○之○位○不○多○于○帝○而亂臣稷契之後遂無協贊也哉集明良之慶以熙載虞非故推○唐○不○得○私○虞○不○得○之以讓乎唐也而故勳在位早已論定而官之是五人者亦有虞○擅○勛○際○宇○精○撰○所不得而擅也至于斯而家相為貴戚之卿異姓亦多從龍之佐○遍○得○有○婦○人○自○然○故○甘○又奚俟借才于異代而合婁直追琢之侶陳疇訪鞮也哉吾觀于斯而嘆其盛也吾觀于斯而嘆其難也夫是以念古語而情深矣

結體高超取材鴻博墨瀋程繩不能羈其筆迹的是俊品匠制

門

馭題有力。舉重若輕。驅策經營。自成偉論。真有解衣磅礴之槩。

吳芷汀

才難不其 為盛　　七名 王兆弘

述古語而贊周才、才既難則盛非易也、蓋才之難、難於其盛耳、盛
如周才、非唐虞莫與比焉、古語不已可徵哉、乃我周以千年侯封
匙而齊齊數之、傳其所以經天緯地贊成帝績之烈者、豈偶然哉、
（一氣鼓鑄、重次神彰、俱到。）
吾嘗覩多士于王國、即以徵名世于帝都、既羨一代之光美、而朝
（藻麗遒富。）
者選則窺隆周、嘆而觀之、係勝一代者事則已邈、而竊有感於才
（古文大氣局。）
難一語也、今夫古之所謂才者有二、而智能技藝不其焉、乘極治
（抱定唐虞。讀斯字。）
之運、才為經綸而治者、希彌上亂值極亂之時、才為廓清而亂者
可返于治、鴻濛而後、端賴此數人上下相維、而帝者以帝、王者以

至矣固欣於所稱也今夫才之所以難者有二而用舍行藏不與（獨字精）
焉遘非極治則才不生生焉而僅足供繼治之用時非極亂則才
不出出焉而僅足給撥亂之資開闢以來不過此數才人後先相
望而陰隲非常韜降不數蓋誠難於所絕也吾由是穆然於斯矣
（說周之六於勳庸不貲）
冀乎陳媯封薊餘而不臣則商周之際麗億豈盡侯服者而要之
（先錄出盛事轉）
家國識人爰遠蒐獵散國家而況益以外戚之助也甚矣其盛也若
（八庶處後叢盛深厚氣方之合又鬱悉雲奧以前於一層）
夫四佐儕于皐而龍亦獻瑞六相紀諸軒轅而鳥亦名官事既
遠而莫考矣將以之窮木鄉而取才也雖狐竹抗節遁首陽而不
僉則商周之際膺皆豈盡裸將者而要之尚父鄰公自足旋乾轉

才子之譽同心獨樂周召而當時公姓公族寔皆禀識祉之祥久
況岳牧之舊臣熊羆之勇士並性各俱已不傳此亦氣之最聚者
矣使此外更有聚者何妨歷舉而並陳之而無如聚之僅見乎此
打轉進一層
豈有鐲鳳鳴之朝不借才於異姓若唐虞則兩朝相繼視此稍有
閒焉不知繼虞於唐雖兩朝而如出一家之事故舜與係之虞堯
以義論作斷
閒文
與亦係之虞明乎唐虞之際猶其宗子也獨是二代相傳而後伯
語轉入唐虞乃貴其到
盛稱胥莫騖阿衡專美有商曾不得與賡歌稽拜者並媲遇王國
之克生而其盛始有偶也亦甚嘆造化之無全功哉有謂德讓之
閒文
化不假象於總干至我周則杖鉞陳師視此殊不侔矣不知易亂

爲治雖伏鉞而寔同止戈之仁故稱帝治曰垂裳稱周治亦曰垂
拱明乎我周之盛不在桓武也獨是五德遞旺以來雲鳥亦嘗紀
自出乎眼爲古鳳況
官水土類能傳世然不能與分左分右者比惟溯中天之偉烈而
其盛始不孤也亦甚矣尚論之之奇實哉當其時而觀之覺大統
咨聖賢而益野皆腹心何其任用之無不足也才何其盛統其世
而論之於帝取與讓於王取豐鎬何其寥寂而始一遇也才何其
恰好思出𦍒
難觀於唐虞之際於斯爲盛而古人不我欺矣
自起自止出沒無端文之以氣勝者　汪數以
才難不　王

才難不其　為盛　　　五名　王景安

才以盛而見難因古語而慨想於其世焉夫才之難﹅於其盛也

歷唐虞而至于斯其難亦略可想見矣嘗思天下惟極難者斯可

名盛亦惟極盛者斯覺其難而況人材之蔚起係國運之光昌者

乎君子觀于虞周而不禁有慨也生才者天也而天之啟佑人國

往々聚瑰偉秀傑之氣以佐其休嘉故維嶽有降維嵩有生不閒

鍾奇獨著於大造用才者君也而君之愛惜斯民往々篤痌瘝飢

溺之誠以褒蒐雅化故或遯於卜或賚于夢不聞俊乂或鉄于在

宫然而古人忽有才難之慨何也豈易於生而難於用與抑易於

用而難於生與是說也殊有未敢信為然者及今思之乃知非才（以迭喚出息）
之難才而盛者之難也思我周之才稱極盛矣由斯而上之獨有
唐虞之際耳而吾為合觀其盛焉習效一官能效一職修宣力而（突開奇境）
任分猷者豈曰非才夫才亦以奇而盛耳吾觀三代之祖聚于一
堂已然定後此數千年之局二公之材萃於一姓已隱啟異時五
十國之封又況邁種之德贊揚之功皆振古所不恒有此真遇之
絕奇者矣使此外更有奇者何妨屈指而並陳之而無如奇之已（語帶下文地步）
盡乎此也千里一聖百里一賢此其雄而來幣帛者何代無才夫
才亦以聚而盛耳吾觀陳謨首重禹皋而當時八愷八元寔皆員（着眼聚際字）

坤而況加以姬室之良也甚矣此盛也若夫七年之率執僅存燕壑（又○況○夏○商○託○據○又）
（○詹○議○論○英○傳○累○列○兵○高○）
山象愚之日三聘阿衡獨崇於桑林鑄幣之時物周宰而見珍矣
將以之嘗將代而比肩也尤難意者唐虞之際或獨於斯為盛乎
（○轉○折○奇○警○擺○成○墨○境○）
然吾謂唐虞之盛於斯也亦哉乎不可必得之數矣故也唐虞
承統而不得欲治之人則稷與契司出帝與猶可歌請天瀆而用（讀書）
（○補閒奇論警云）
之而寫也降在匹虞之織卑益離於八愷之中者矣所得而為之
校攫也火與與掌水與與治百穀何以播罪與與討刑與與用五
（○壽○眼○際○字○用○意○以○斯）
穀何以彌是則唐不際虞欲有臣二人已耳如我周之陝以東周
（○出○才○生○盡○唐○虞○為○際○字○生○色○）
公在陝以西召公存者殆可以當之矣下此而畜龍父斯之屬亦

恩科鄉墨辨體　上論　才難不　王之

不過散宜南宮類耳而奚以盛于斯也難何如也設也虞帝崛興（正亭）

而不絕允恭之緒則禹益皋陶出爾帝猶可訪諸側陋而舉之而（添字）

稷也尊為放勳之兄契也貴號天子之弟舜安所得而為之駕馭

也火烈水息而樹藝未興其何以免于阻飢宅服居流而懋遷未

成其何以期於無刑是則虞不際唐祇有臣三人已耳如我周之（奇思創論警絕人寰）

周召夾輔于內太師鷹揚於外者斯足以致之矣下此而朱虎熊（比例更確）

羆之倫大抵皆泰顛閎夭等耳而寡以盛於斯也難何如也不其（彩博贍學識）

然乎不其然乎而況難之中尤有難焉者乎

題中有書眺下有力後二股關照下意議論橫　發尤

才難不其然　為盛　十名　王縈緒

嘆才之難而徵其盛因才之盛而益信其難焉夫難則無由盛而盛則不為難然以周之才而已可為盛焉才之難也不信然乎且從來難易之與盛衰相因而相證者也乃有見為難而取徵于盛因其盛而益信為難者誠以盛在一時而難在千古也吾盍觀于斯而稽然于古之論才而嘆其難者矣居平私心竊計謂九州之大英傑當不乏人則才難之說未必其然乃觀于斯而始知此言之不誣矣夙昔曠覽斯人謂六合之廣俊乂曾不數觀則才難之說自非無因乃觀于斯而益信此言之有合矣今夫才之難也有

以不盛而見其難者亦有以盛而見其難者其以不盛而見其難
者傑才之情既重則考古之餘偶得一二尊主庇民之士即視為
古今所罕覯以為得才如是未可以為少矣乃等而上之而前此
者邁乎後等而下之而後此者超乎前是即一代以觀其難易雖
有此盈彼絀之分而難在一時未必其難在萬世也則見以為難
猶有不盡之真其以盛而見其難者思才之心倍切則尚論之際
歷觀當代附類後先之彥猶且覺願欲之未酬以為得才如是亦
意會其許也乃衡諸前代而前代已自莫及衡諸極盛而極盛不
為難幾是合千載以定其難易縱極經天緯地之觀而一時獨成

其盛即已驚世同歸于難也而默會其難益信為不易之論則何不觀之于斯乎斯之才固我周一時之才乃與夏商而較之皆不及也惟唐虞為盛焉則以斯與唐虞相較可也且分唐虞而二之而唐虞亦不能遠過也惟唐虞之際為盛焉則以斯與唐虞並侍可也而吾于以知斯之盛矣天下事較盛于衰則盛見優較盛于尤盛則盛仍見絀斯而猶有盛于斯者則以斯傒夏商可為盛以斯視唐虞而仍為衰也統億萬年之帝臣王佐而都俞吁咈以還遂為累朝所莫及則唐虞之盛于何而極斯之盛亦于何而極而恩皇多士豈非千古僅見之奇而吾愈以知才之難矣天下事就

已難矣則何由稱盛既已盛矣則不可謂難斯而更無盛于斯者則觀才于歷代而見為難觀才于斯而見為易也極宇宙間之蓄氣集英華千夫之特而殆巫嶽降而會朝蔚代之衆遂為間氣之盡鍾則語其盛且為無加語其難亦難為獨至而克生王國豈非大造秘惜之珍才難不其然乎不其然乎

以上二句為綱蘊藉深閎入下二句只作不了語勘題極細高華豪舉其餘事耳　許巢雲

體認經文神明註意極力贊頌周才之盛恰好和住題界前半落題得法蒨才難處即按定下二句巧不得理法以氣行此題

才難不其　為盛　　方文烗

才以盛而益難虞周有朋徵矣夫自虞迄周未嘗無才也惟其盛
而才難之説益信孔子立乎周以遡唐虞思才之盛而益歎才之
難曰人文不虚生英華不世出自古迄今逆逢其會者每不多覯
君子觀于虞周之間而知世運休明之一徵觀于五臣十亂之生
而又知人才挺生之不易也書之人想亦上遡唐虞下者成周而（並提唐虞○虞○底周法本○李）
（九哉）感慨係之曰才難其為才之不有而言歟抑為才之盛而言與大
（渾○是章○大○六○合）
抵時不易則才不出帝升王降遷移其運而山川之靈秀各鍾世
不變則才不生揖讓征誅兩分其局而天地之菁華巳竭才難之

意○許○二○比○鋭○精○全○對○思○旋○而○力○厚○

語不信然哉一人出而關乎世運ハ不輕以相付生之不繁而遲

辰○之○有○全○布○声○

會阨之生之既繁而適逢又阨之至兩無所阨而五德遞興則又

以時會之升沉別其優劣故不盛固難盛亦難者其間有數存焉

是則天為之矣一人用而主乎世道人又不能無因而合生而不

遇而時命限之生而既遇而器量又限之至兩無所限而五百必

覺○之○要○寔○在○此

與則又以君臣之遇合定其低昂故難在不盛而尤難在盛者其

間又別有故焉要則人為之矣貞元之運閒而復生上下千百年

一盛于唐虞再盛于我周合前後而計之幾人稱帝幾人稱王一

原○静○句○鍊○中○聲○之字○盛○字○俱○見○用○其○心○細○

聖人綱維宇宙抑足將一世之元氣而前不過五人後不過十人

未嘗不少其難却□□是本然因以盛

應昌期者僅寥寥可數耳其難也可謂盛不可再也風雲之徒當
王者貴肝衡今古中唐虞千載而一時我周亦曠世而僅見綜虞
歸重于周作守
周而計之彼亦有人此亦有人我京室積累千年尚未足追中天
之景運而十亂不為多五臣不為少配帝佐者直還之至今耳夫
難也可謂極盛難繼也以勳華兩朝之會其盛僅見于五臣則才
之難在唐虞已有然矣況周室作人之隆其盛亦止于十人則才
之難不又于斯而益信其然哉
上下膠粘不作兩橛語淋漓感慨寄托甚深　原評
才難是虛冒語所以然之寔含下四句方見既截去命題則此

處尚足極贊其盛。不得直蹴雅字。人所知也。但庸手為之。便空
發上句。另詮下截。凡二句六句題。豈不可增減入乎。此獨擷題
成圍。而大議摶挽中。仍復還上虛位。扣下半截。雄文高手。　漢林

才難不　　方

[孔子曰] 才難不其 之德（上論） 史秉直

才難不其　之德　　史秉直

述古而嘆周才之盛可因才而進思其德矣夫才非難用才而本于
德之為難也人知周才之並于唐虞亦思其德為何如乎今夫一代
括才德之字眼
之興必有一代之才以供其用而所以充收其益者初不係乎一代
快醒
之才而仍係乎一代之德蓋恃其才而或掩其德不若恃德而善用其
眼落紗在試貼
才竊嘗逆稽往訓而嘆曆代之人才並隆往昔也抑知其德之著于
從有虛神
當時者尤足深人永念也乎如我周之才滑與有虞並著者何歟
從有虞斷入更有根蒂
者智有虞以受禪而得天下而我周自孟津渡河易侯而王之際遂
析才德字樣斷一段有氣魄之
大遠乎揖讓之風焉若是乎周之有其才未必有其德也周之取天
下以才不問其取天下以德也周之才適以掩其德而周之德不足

以彰其才也則雖有鷹揚之佐盡一時戡亂之謀亦何能與虞廷之
拜手一堂者同類而並觀也哉然而未足為用慮也吾益曠觀往古
（一句擊節）
而不禁穆然于才難之語矣夫天下非無才之難也有才而或數千
百年一遇焉則難遇之矣而或所值之時有幸有不幸焉則又難即
或並生今古之中而不能兼擅以善用之則更難乃吾觀永清大定
之時以選適夫四方風動之日有際兩朝而翕其休者有合宮府而
（將唐虞之際一段輕講過）
全其美者上下千百年間一盛于唐虞再盛于我周而我周之所以
（句有筋節）
軼夏商而並唐虞者非獨其才為之哉然而我周固有其才而善用
（才字正為德字作跌落之勢）
其才者也使當日者自恃其心膂之衆以賑張其爕伐之威周才雖
（又用勇）
家乎以視虞廷之揖遜且不勝慚德之感矣吾于是歎周之才不盛
（總束虞一筆）（陡然一落）

于東征誓師之日而盛于西土怡昌之年也蓋自孔述四猷亦既江漢傾心淮徐向化矣文則終守臣節祗承罔懈即至武王而十三年養晦猶不失服事之心焉乃知文之德自武總之武之德自文開之（周之德者洋妙）而要皆為周之德也人皆知周之有才而不知周之有德人皆知周（便總才出有泛含）之十大著于克殷之日而不知周之德已深于侯服之年此尚論者（此正善脈証格處）不能舍德而言才也歟蓋才非難有才而太于德之為難周之才不（才德字仍用双收）以掩其德周之德適以彰其才才之盛德之盛也其總唐虞而無忌者又豈獨人才為之哉

論才而及德總以稱周之盛千古莫加文將才佐上下迴環竟尔團成一片中間有呼應處有串插處有轉脫處有排宕處由

宣思堂小題選　上論　　丙辰新編

其力大思深故着筆便出人頭地真獅子搏象手段

才雄　史

孔子曰才　一節　　程文　李廷機

聖人信才難亦以周信之也甚矣才不易得也以周才比隆唐虞者而僅止九人焉難可知已夫子有感而言曰世之需才也詎不甚急哉顧才之生也不數無論中葉以降代稱之才即極盛之朝亦未易得者蓋自古嘆之矣真曰才難非虛語也乎嘗上攷唐虞下迄成周而深信其爲然者何也唐虞際中天之運而帝臣蔚起固亘千古而獨隆我周值開泰之期而王佐景從亦繼唐虞而再見蓋合二代之才僅可以差盛于我周即周之才真可以超軼乎夏商矣宜才之生於王國者未易以濟濟而亹亹知其猶有所靳乎宜武之所稱十亂者

二比上下俱有勢

無事於借才而庸知其間有婦人乎且以其甚亂者復益之以最微者而十人之數始符要之未滿乎十也向微治內者而但計夫治外者則十人之數猶缺要之僅止於九也雖宮府一體然而君之配也豈得藉之閎孤畢散之儔雖翊贊同功然而非廷之臣也安得等之疏附後先之列信乎周之才幾與五臣而匹休名為十亂而不足以盛若彼得才若此其難也而況夏商乎才難之謂信然矣

湯云收住二語精神

極瀟灑之趣如列子御風飄飄有仙氣至于股法轉換如珠在盤

張侗如

末二句乃見才之難處才難二句正自空疏不得傳處二句亦似

多發不得此文起處即提唐虞成周以跳不其然乎句次將唐虞
二句輕〻遞過獨將末二句重發六股識見高于諸作遠甚其文
品亦高股法更爲善變據國雅本此及何以謂之狂也至行何
爲是踽〻涼〻篇皆做解元毛鳳起墨也戴王言作出才難不
其然乎下二股云如其末必然也謂宜代不乏才而何以唐虞交
會之際乃僅鍾于我周耶謂宜世際其盛而何以我周十亂之才
乃猶及于婦人耶似此流水急遞而下更不將唐虞二句另頓一
提作法極高爲諸卷所無算其起處不免將才難二句空疏爲不
及此耳陳恪後幅云竪想是時爲之君者內選諸九族之親外

程墨讀本前集　論語

選諸五方之賢即婦德見稱者猶將藉贊助以共承宗廟也其綸才者難矣為之臣者或効其勞于底定或紀其勳于燮理即職司宮闈者猶將肅母儀以共成王業也其為才者難矣吾故觀于才之盛而益信才之難益于所稱十亂者知之也

韓求仲稱其收轉才難極為雄矯故採之

才難不其　為盛　　十二名　李曹培

能集其才以成其盛〻乃其難有也蓋才未易難得而創之才且

幾〻此盛于唐虞、未因難而獨著其盛者哉當時人才之蔚起也

○○○福○律○字以餘○魏○不○從○乃○備○以○舉○○○○○

極盛之下恆難爲繼雜其散處于天下而不經甄拔其尤難其共

○○○○○○○○○○

列于王朝而克脩集其美夫惟于人之不可多得者能相濟以屢

人文化洽之際則王朝濟〻實與帝者師〻有可以並美而無媿

○○○勝○順○上○勝○即○愈○下○之○句○發○古○有○典○○○○○○○○○○○○

者且觀我武之所有不幾與舜之繼唐而有者同爲人才之盛哉亦

○析○入○兩○首○○○○○○○○○○○○封○對○昏○

思才出於世所易有者非常之器每間世而一出猶許其相並而生

○字○從○難○字○精○而○秀○○○○○○○○○○○○○

相繼而起群會以作興朝之瑞也亦事之必不可得者矣不世之

恩科鄉墨辨體　上論　南康小東

恩科鄉墨辨體　上論　南康小東

英雖旁求而莫致更令其生必同時必同遇共起以沐厥歡之
慶也亦古來不可復覯者矣我是以感懷才難知其必有所見而
出發字也
云然也吾亦舉以易斯語矣蓋惟其難慶舉以致惜才之盛也抑
点過上二句申打入斷之出處
惟其難乃益思得才之盛也我周自二南宣化以來早著思皇多
中起○議○叢○處○一○斯
士之休禎臣國者已彙將而求矣禹皋稷契之經綸千古莫匹而
聚群策以贊承清之大烈分左分左蓋非徒與目事也即雍容廷
陛猶得誇前後疏附禦侮奔走之奇有二老來歸而後久開豪傑
疏○句○法
奮興之路來文德者已遷遲而興矣工賓水火之章功中天獨闢
而萃群材以成棫樸之規模同心同德蓋不藉三千衆也敷贊勳

［孔子曰］才難不其　為盛（上論）　李曹培

休承直上追三德曰宣六德曰嚴之盛斯誠盛哉豈復有盛于斯者乎求其能盛者惟唐虞之際耳二帝之相承不遠也亮天工者猶得各獻其才以著臣鄰交贊之業以兩朝之翊戴而顯名一代之才當之或不無此絀彼優之數耳萬邦之黎獻俱在也沐帝光者亦且共展其才以與賡言稽拜之班以上古之神聖而顧以招代之才較之乃覺有此多彼寡之差耳借非唐虞之際誰集雜遝之才以與我周較盛哉乃以知合斯世之才以大其匡賛翼為之業者若以盛而忘其難也獨能致天下之士以成其撥亂反正之模者正以難而徵其盛也然而其人又可歷歷數矣

明科鄉墨蔣霆　上論

起處氣象英偉。踞題獨高。入後觸語多率意。便不能無懈筆。汪
荊門

孔子曰才難　為盛　考卷猶戒

吳江　吳祖命

周才獨為其難合唐虞觀其盛焉夫唐虞與周治亂之救殊才之盛不異于斯益信其才難矣且古今天下所挾以去來皆才之為也然才之救聖主善用少英主善用多開代恒見難承繼恒見易故少亦難多亦難易亦盛難亦盛此不可解也今上下帝王自唐虞至周才何如乎然同此閒氣所鍾湯起列侯左右甚衆禹續帝運相維一益似才以衆而更奇同此餘氣所集聚美一朝有及身而帝累仁百世或子孫而王才更以聚而彌昌故穆穆時敘禪遷弗休才人俱開三代之祖賡歌喜起成平日奏勳名類非人世之能歷唐虞以來際不

言焉征誅并不言商獨以歎周媲美唐虞于斯為盛豈不難哉且天
既生才甚艱當時善走者美諫者深文用机者半以其才供暴主之
苛情奈然
驅使則才之難也一異以諫死者遜荒者節死于山者半以其才樹
勝國之忠貞則才之難也又一異然我觀之才莫盛于周才之盛亦
不壁白書
莫危于周即遜齊多才以忠成其父以逆佐其弟才或以變而衰然
功各為運數之所必趨不必以才之所變謂與天心厭亂無關即與
王之年以統佑之舔跡而先死陳疇之箕子而爲賓才或傷于散然
危疑為智勇所必爭不必盡才之所生與八百分猷之烈試以十亂
五臣相聚于一堂必有同心焉然幾徵毫來之際歷千百世而不能

相蒙此亦才之無如何者也且天人相與之際在當日又不能自必此又才之甚幸者也一觀夫奮庸熙亮賡考作人之隆豈偶然哉豈偶然哉

能立題外曠覽前事筆勢自為攀控用奇而不為險迭決之姿氣雄百萬　查伊璜

探書窮委尋迹金庭人世罔二

才難不其然乎

汪士鋐

天之生才，不假人信其難也。夫生之易者必非天下才也。才難之語，其見信于古乎也，嘗觀自人才不絕生于天下，以自古之天下所以亂極必治而卒今存也。雖然矣，亦未亂也，不數其生亦治也，而不數而才之生于世，遂因之未世不當其亂也。數當惟所以殺戮亂者之功哉。吾欲諸其時天下之奇才未必生也，矣然未必多惟天之意以為生是人焉而已，足以辨其事而遂以止也。蓋其各之措之，至也。惟夫天下有極數而不可逆之勢，非得天下之奇才則不能治，非是得天下之奇才則不能大治，乃始不得已而生之，而多生之。蓋其

（旁批：世紛世罕，以出生才之難為通篇之案。時對序處出然，前出明文論此以不生為難。此中生才見難。）

……論語　康熙十

斋之情也。全也且夫天之所以若是者何也，夫陰陽之精蘊而為

（此段澄所以難卻是說得奇而有本等之器，易于人。）

偉人，川嶽之氣以而為名世，貫天淵，鍾其精，蓄其氣于數十百年以

（此照應處）

待夫大亂之數而後割□之。及其發也，而陰陽之精亦已薄矣，而

（此與新字相解）

川嶽之氣亦已衰矣。薄也而後備之，衰也而後蓄之，故必遲之又數

（上不得已而多生一傑）

千百年而後，何復一發也，不及其期而發之，則備不良于衰于薄也。

（此與上已又轉進一層）

而才焉能奇，而奇才又焉能多焉。嗚呼，豈不然哉。古之人之嘆息致慨

于才難也。吾于是繇論古今人才之數，而見夫才之生于世矣，一時

（□然大開一觀以見不止難）

雖有其才足為後世欽，時之輔者，而既與夫人並世，自退就夫百職

事之班，御然僕宛以從其職而不足，適千有無之數，惟夫人之賢能

駕出乎其上也而寧世出者也且一時雖有其才足爲亂世奸人之所謂亂世之奸雄不過治世之能臣也雄者而既與夫人共主亦自効乎群有司之列循循樂得以見其能而不敢逞其桀黠之智惟夫人之實能臨蒞乎其後也而寧數覯者也嗚乎古之人其知之矣

凌雲之筆興酣而落五岳欲搖不止屈原宵動

才難不　汪

才難不其然乎

汪士鋐

天之生才聖人信其難也夫生之易者必非天下才也才難之語其見信於夫子也宜哉且人才不絕生於天下此自古之天下所以亂極必治而至今存也（從世運說出生才之難為通篇立案）雖然天之生大亂也不數其生大治也亦不數而才之生於世遂因之夫世不當大亂之數豈惟所以殺戮亂者之功哉（從世運上說照唐虞與周立論）吾攷諸其時天下之奇才或未必生生矣或未必多惟天之意以為生是人焉而已足以辦其事而遂以止也蓋其吝之惜之之至也（虛按難字）惟夫天下有極弊而不可返之勢非得天下之奇才則不能治非多待天下之奇才則不能大治乃始不得已而生之而多生之蓋其

吝之惜之。至也。且夫天之所以若是者何也。夫陰陽之精感而為

抉其所以難之故。陳言化為新[illegible]

偉論驚人。招摩者並周

偉人。川嶽之氣化而為名世。蓋天固儲其精，蓄其氣，於數千百年以

於出所以生才之難

待夫大亂之起，而後勃焉發之。及其發也，而陰陽之精亦已薄矣，而

川嶽之氣亦已衰矣。薄也而復儲之，衰也而復蓄之，故必遲之又歟

毋着此二語反覆留新并見夏商舊不

千百年而後可復一發也。不及其期而發之，則猶不免於衰於薄也。

能及意

而才烏能奇，而奇才又烏能多。嗚呼，豈不然哉。古之人之嘆息致慨

於才難也。吾於是統論古今人才之數，而見夫才之生於世矣。一時

二意俱用旁觀以見才之難

雖有其才足為後世救時之輔者，而既與夫人並世，自退就夫百職

事之班，柳然僅克以供其職，而不足與於有無之數。惟夫人之實能

[孔子曰]才難不其然乎（論語） 汪士鋐

駕出乎其上也而寧世出者也且一時雖有其才足為亂世奸人之雄者而既與夫人共主亦自効於群有司之列猶〻樂得以見其能而不敢逞其桀驁之智惟大人之實能驅策乎其後也而寧數覯者也嗚呼古之人其知之矣

才難實事尚在下文篇中只從天之生才挾出所以難之故無一語犯實就世運上說起虞及周看筆更能切定章旨人莫其議論之奇偉不知其都從上下文得來也後幅旁襯本真西山才與德合言分言意翻出才思開展尤妙在善占虛步中間陰陽川嶽二義落入尾手說到勃焉發之便佳此却就發之後再翻出逞

之又久而復一發○一層正義已盡○又用反筆申明一層○往復曲折○波瀾層出○又何患陳言之不化爲新義乎○

才難不

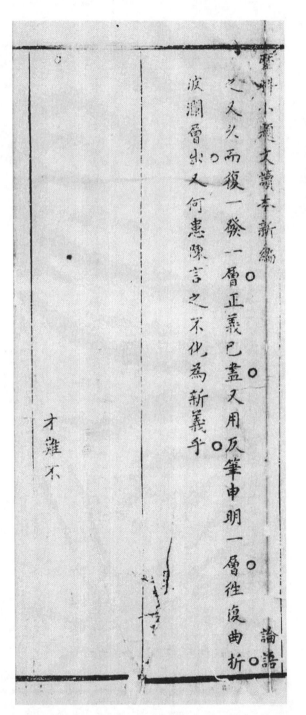

先輩多主遇合說弟細按與九人句針鋒不對今主生才說而遇合意就中斡補看題穩恰

二比領取全神上下意勢如[illegible]空而草[illegible]未發已[illegible]難

才難不其然乎

署郴州知州歲覆

郴州童生擬作　沈維基

論才而信其難聖人有感於古語焉蓋非難無以顯才不見難無以知其然才難一嘆夫子寧無所感而云然哉且從來主世者不以才見而輔世者則以才名然才之生也往往與運會氣數爭升降而運不適逢數當終竭覺心慕神溯之餘古人有先我而發爲定論者向第存其說於不論今乃信其言爲不欺矣何則才也者天地菁華之所萃而古今治亂之所關也鍾毓而洩山川之靈秀發之者恐無餘值之者原不偶也第謂息久蘊深或可旦暮遇之而了無期焉以慰相需之甚切盱衡而追雷雨之經綸遭之者每

（注德字）

（月光如炬）

（二語已定難字缺案）

（爲題中提盡字頓上添毫）

（旁空一嘆神氣已注）

（下文自須於題前領會否則底余蓄文緣得入手之訣）

字根柢盡搜

心摹口追上下緊聯合無間看雖字不泛作宕參落語極合盛穴[illegible]之旨

自奇景之者多餘慕也當此深情遙寄不覺感慨係之而忽有會

意致畫遠

焉以徵所見之畧同聞之古曰才難為是言者夫亦有所見而云

就追摹神吻肉襟雅字之源己臨然字之聯

然乎想其從貞元會合中鄭重其名而核而斷之曰難不知幾經低徊矣蓋天挺人豪固孕育數百年而間世一出其間或以時勢

停入深處

限之遭逢阨之即至時勢與遭逢兩無所憾猶或以運會之升沉

雲中鳥道盤曲無窮

別之就運會以論才於沉見難更於升中之沉見難難之一言直

虛字傳神

括大造篤生之全局俾尚論者遙相考鏡知持衡為不誣爾抑其於上下千古間權量其義而慎而稱之曰難或別有所寄嘆也然

遐矚高騫深情如聽講

名世曠遇已論斷片語中而援詞考理其間或以器量域之時命

兩句交拌比勘聚精會神題意〇分透露

雖字包舉專重句中有眼

囿之即至器量與時命兩無所歉猶或以氣數之盈縮判之就氣數以言才於縮見難更於盈中之縮見難難之一言直揭千載假（千古名論）逢之奇遐俾遙望若默相感觸知創論非無據爾由今思之其然（仍以）

宕筆取神

乎其不然乎其初不能不疑其然其究不得不信其然然其難非苟求其才也蓋不見難則才不貴不衡才則難亦不顯吾不知為

低回嗚歎但覺墨氣滿紙令人唾壺欲碎

是言者之為慨為幸而第以單辭論定降才者不能出此而更闢

妙語得未曾有

一局論才者烏能外此而別措一詞即前言以叅往事乃覺一字

一層地

之評直定千秋之案在彼當有確見其然在我亦非空許其然然

恣神如況而出

其難非附會其難也蓋不曠觀其才則難奚見不實核其才則難

亦奚徵吾不知為是言者之奇所寄遠而第以立論不刊言才者（心口俱了了故作不了語）（流）不能破此而翻易其說言難者弁無可推此而增益其詞獲我心而推先見將據同揆之謂頓興遥証之思試觀虞周而才難不因（筆力放餘地）戚而益見乎然則用才者當以惜才為尚焉

意在圜中神遊象外筆準如生龍活虎亭字如鐵畫銀鈎　朱脩其

從題之前後左右領取神脉按題極精細節極渾融遣詞立意不落第二層想方之金司馬羅儀即兩作殆如驂之有靳

○○才難不其然乎　　金　聲

聖人有觸於人才而信其難焉夫盛世未嘗無才而才難之說聖人忽有信者感慨係之矣其穆然而莫司經綸天地者才耳予觀古今治亂之際無非數才人在宇宙間也予竊有思焉才之有用也用之者致念而其氣機關係乎一世則無論有權無權莫不有愛惜願望之意即才之秉時也當時者顧盼而其英光常留於人心則無論目前往事亦莫不各有寥落豈忍之感此固顧其常見而迭出者也不顧其難也而以予纂古之胸亦見以為常見而迭出者矣未見其難也乃才難之說人則有言之者由今觀之其盡

聖人所難正在此

寄託遥深

悲壯

而所以盡不其乎之然者

小題制藝觀文選

非聖倫類之內見一才即受一才之甃頓造物豈有愛焉而間氣

以下四比從淺處說到緊切處一比進一比

侯字淺說

之鍾那若有僥焉以出之求其旦暮而遇乎吸而應者則亦難也

運會其或有然者也乾坤之內多一才即饒一才之精爽簡在又

數字近一層猶屬泛說

豈有倹焉而神物之來亦若有數焉以限之求其取而無盡用而

緊接法

不竭者則亦難也天意其或有然者也既已才矣而興廢之地各

有所守才之中又有遇不遇〻則才之而不遇則仍淺之也英雄

打着處處周矣然尚是大概說

至此既束手而無用其力而又非無聖明之當世也君子其傷之

已曰豈不難乎同是才矣而升降之故各有所關於才與之遇又有幸

有不幸〻則見盈而不幸則仍見乏也聖賢至此皆聽命而眾自

王而遂不能暢然而滿志也君子于斯惜之已曰豈其難乎以其難之歉必非不可一世之意而其難焉之心亦非苟求人物之論非有深情于天下豈可以知天下難易之倫未嘗上下于今古誰足與論今古人才之變我商周之際追感唐虞大略可覩已難耶否耶

古之傷心人別有懷抱　謙友

遠想茫然與先生必有名世篇一樣寓意沈鬱之

正希最善以縣為緊如前二比單做難字藏文仲篇前半頌無字以既富矣篇頓富字不知者以為單指上句殊不知正是為

下句蓄勢也凡題上虛下實者須以此為式顧湘靈

才難不 金

[孔子曰]才難不其 為盛　胡承宗

才難不其　為盛　胡承宗

才以盛而見難可援極盛者以相例焉甚矣才之難不以少見難
正以多見難也固周才之盛而上溯唐虞能無慨然有感於斯乎
記者歷叙舜武諸臣而述子言曰人才者氣運之徵也其才為古
渾和全題
今不易覯之才即其運為古今不恒有之運人第見極其盛者難
為繼而不知相形見絀之中實有相得益彰之美先民有言信而
可徵吾用是穆然於帝王之世而知其所以立隆焉間嘗觀天地
之生才不一其數國家之用才亦不一其數而知世運升降之原
總挈全題恰落題古
於才見之亦即於才之盛者見之且於才之極盛者比例而益見

之。此才難一語。古人所以有味乎其言之也。綜文治武功之畧。而重之曰才。知不徒在一手一足之烈也。無是才而不足以贊文明。

按唐虞斯字

亦無是才而不足以襄執競。則為此言者。固已具上規千古下規千古之識。考佐帝匡王之績。而繞之曰才。更不徒三宅三俊之任也。有其才而萬世於以求賴。亦有其才而四海於以求清。則聞斯言者莫不歎。千人曰俊。萬人曰傑之奇。以云才難。信乎其難也。才之難：於未得之先。尤難於既得之後。粤稽世會遞更。人文迭起。唐虞以來。有以彙熙朝之師濟而成郅治之光華者。意在斯乎。意在斯乎。雖然由斯而上溯唐虞。優絀徵分。亦惟合唐虞而下逮於斯。

低昂乃見天地之生才恒視聖主之精神糾為感召揮綍者既愠
翔薰風仗鉞者亦望同時雨此寧有異量哉而何以思日贊者若
是之逸鄉丕基者若斯之勞也誕降之英奇限於氣數才難一語
若專為斯發耳是雖菁莪樂育棫樸官人而美猶有憾之中不得
不仰贊勳華而再數本朝謨烈矣國家之用才亦視山川之鍾毓
以卜彙征勵翼者既並熙帝載廸哲者亦共贊王猷又豈有二致
哉而何以賡喜起者若是雍容勤孌伐者若斯蹈厲也兩朝之運
會不可強為才難一語殆以前有唐虞而轉為斯惜耳所以下武
繼文有声繼武而咸正無缺以後丕不必上追子姒而共欽開国

人文矣甚矣其盛也正其难也其难也即其盛也向使唐不際虞虞不際唐則雖謂周才之獨絶千古也亦何不可

淋漓酣暢文氣沛然

惟唐虞之際乃盛於斯正以見人才之难作文須會語氣一不可徒作唐虞成周人才論文一提全題在握末二比逸劳雍容熙厲是說出所以盛之故可破題蘊

蘊山

才难不　胡

才難不其然乎唐虞之際　秦大成

於才之生而益信其難因遐溯帝世以相量焉夫不當有才之世則難且無由見予所為有感於古語而類舉揖讓之朝以極衡量之準若曰迹彰於出奇而無窮情形每曠世而相感其動人以上下千古之思者鄭重分明之象轉在菁英宣洩之時蓋深觀於靈秀之所鍾而相推相準令人穆然於其間者誰謂猶是晚近之可擬乎粵自草昧初開而三才並建風雲交會而群后亮工才之用蓋孔亟矣雖然我遐想神遊而不禁慨然也企莫奇而任股肱之寄不特良弼之夢鮮發兆於昏庸即上有明聰翽俊之主士氣奮

秦簪園稿　論語

揚而相需難於相慰者雖經數聖人之壽考作人亦令人太息於潛躍雲泥之無據廣資格以禮巖穴之遺不特間氣所鍾倦分靈於叔季即時當乾坤旋轉之交山河重秀而相期海至相左者雖經數百世之蜿蜒磅礴亦令人深思夫地靈天寶之不貲噫嘻才難之說古人何乃為此語乎彼夫千古而上神靈自堪壽世而何以風教呈形[illegible]之寤寐俊人自可登庸而何以築巖審象始成依[illegible]古人其有見於此而深歎其難耶顧事或荒遠而無稽語或附會而過激未敢必以為然也何為以所聞於古者近而徵焉而益無以易其說也我重思之不其然乎今夫不當文

（勢如駕之軒翥）（造句新）（韻）（古致[illegible]）（寫全[illegible]）（隱為斯字作襯）（題外）

行之憩出之陗題少而神筆洗而簡筆致與筆態之妙

明之運或猶疑於時會之未來不極癘世之逢尚可解於精華之未洩豈知即興世以參觀綜前朝以衡量龜疇畀以蓂莢之元老僅存鳦卯發祥升陑之元勳寡匹是固不足以極配天之鴻烈（為際字添案）釐尚論之推求也則惟是聖且紹聖改玉而並無改物之嫌華曰重華受終而并受亮工之佐如唐虞之際乎帝德之升聞醞釀而成中天之景運吾不識陳萬古而徙還者（淋漓縱宕）亦嘗神儀帝世躊躇而欲滿志乎頤萃元會之精氣於百年造物固若特創其局而使夫師師九德布濩於垂衣揖讓之餘兩朝之景命凖合而成一代之平章我不知歷百世之寤思者亦嘗仰溯勳華歷指而無遺憾乎

第聚三代之始祖於同時皇王亦覺行所無事而遂使賛賛群工
蹌濟於平地成天之會還則人傑之挺生縱非寥落仍吞鍾英即
時事以盱衡應共古人而深曠然之感世運之成泰非樅權衡難
為擬議綜幾以對照幾同帝室而推名世之英蓋惟以斯之盛
而彌徵其難焉予所為參觀古語而不禁慨然有感也

思抉幽幾之顯明燦然覺淳于子無才東方生無學　韋約軒
藻繪無塵煅鍊有光似　國初一輩人　趙陟庭

才難不

[孔子曰]才難不其然乎（論語）　袁枚

才難不其然乎

袁　枚

聖人感才難之説而深信其然焉蓋才難之説昔人亦有所感而云然也夫子上下古今而深然其説意深哉且才人何權而震動天下（高山流水古調寡）哉（彈）人落漠無情亦何事不易易耳試彷徨焉心遊而神遊之上天下地可屈指者幾何人則既不能以此意問之蒼茫而但覺古今茫莫可必者其理本如是也宜乎三代老成人憂之久矣吾向者聞之之説而疑其未盡然焉鬱風雲而不發瞻非皇天后土之心藏雷雨而不宣久淵名山大川之志若是則才亦何難耶而孰知不然也古（歷落無[illegible]）而無才其難不見古而多才其難不見雖極清廟明堂之福而往往

天地生之天地惜之能無剉竹帛而形為歌泣二才有一才之命其命已難一才有一才之偶其偶更難難極留連慨慕之意而僅以昔人知之昔人嘆之卒不能乞靈河嶽而廣其精華蓋吾今日而深信才難之然也難莫難于無才也而如有才國家歳進數百人試以起經綸而徃者羣然遠望而謂深山大澤中必有懷奇負氣者此亦萬不得已之情矣于是有心人見年少而金玉期之讀文章而深沉最之及其循名而核實卒不獲一二焉夫古亦日月今亦日月何難遺世而獨立耶乃彼蒼見憐若惟恐虆其才而必以物希為貴此聖祖神宗所為于愛惜栽培之下而深信其難也乎三難莫難於有才也而

（絶代奇能人賞世而獨立）

如無如國家養士數百年豈無鍾間氣而生者忽然高蹈而念蒿萊
千秋後必有談吾姓氏者此又無可如何之數矣當其時或幸遇聖
明而兩賢竟至相厄或生逢末世而麟虹亦為不祥是名山之與朝
廷名分其半焉夫天子求賢諸侯薦士自謂於天下人才無負矣乃
忍神護惜若有意藏其才而唯恐數見不鮮此仁人君子所為于發
憤增歎之餘而特白其難也乎流風貴烈非才子吾誰與歸而[illegible]
其有之為兵火之所不能傷其無之為馨香之所不能祝於簡斷編
殘而或隱或見即其才亦自聽於元會升沉之數焉伊人難再豈其
然乎知非薄待天下矣飲食歌舞微才人吾不至此而無如功名之

會共山河風雨而來氣運之終隨鳳鳥河圖而去當俯仰張皇而嘆友求助耶其才已早有飄零散落之感焉鄭難鄭重其信然耶知必有為而發矣不然帝升王降造化尚無自為之柄憂深思切英雄豈有奪命之權若夫大雅幸存傳者益少是區區者而不余畀亦少兮非常之人耶從來天地間最不難者生人而最難者生才果何故哉崑山玉碎鳳凰呼羲和敲石玻瓈碎天風海濤吾不能名其所至

才難不

孔子曰才難　一節

歲試餘姚縣學一等一名孫磐

於才之盛而見其難而古語信已夫才不於其盛者言之猶未為難也周之才盛矣而其難自在此孔子所以有感于古語歟同一代之興必有一代之才此固非天之所得而靳也顧葦材輩出自昔不可多覯落落千百年間幸或一遇又復不克盡其數遂令尚論者於欣欣鼓舞之中不勝愛惜鄭重之至始知向所聞以徵之于世者亦往往而合也吾人不云才難乎謂是概念予明良之盛當而颺言拜手如在目前不禁以望古遙集者于俯仰盡流連之致當不然也謂是統觀夫運會之遞遷而棫樸菁莪去人未遠

首句反頓得法

遂若以撫時增感者，于旰衡間太息之餘，抑又不然也。焉自我思

之，不其然乎？周之盛也，多十亂，率追思有卹，肇家越千載矣。念重

華協帝之日，不敍勳，乃老之年，時則水土平而九州底績，禮教興

而五典克敷，刑官致風動之休，虞衡昭咸若之象，思文在列，濟濟矣

卿士緝綏誠焉。我周以太和之醞釀，致大化之涵濡，自周公旦而

外，若呂召畢榮諸人，其大彰明較著者，君乎觀于會朝之清明，未

嘗求戩穀，天地鍾毓之靈，國家休嘉之運，畢于斯萃其氣而發其光。曲折洪復肖

以之姚虞賡虞，何多讓焉？彼所若勝者，特于其際耳，斯固不可謂

題之神

非極盛之緒，而後先輝映者也。然而難矣。今夫地道無成，帝乎不

典虞歌之末而賡揚有女國母特參佐理之班彼十亂非所稱不世才即以十亂之才以十亂之才之盛而一婦人得與于其間洵人傑矣然以十亂之才以十亂之才之盛而使婦人亦與于其間豈得已哉屈指計之九人而已嗟乎天下亦亟需才矣自唐虞迄周其為時亦既久矣若有夏歷年式廓替有殷歷年其間豈無篤生乃上下古今惟蒲阪受命與牧野陳師遂遂剡發則已非尋常目蔡所能有而枹器猶存勝國操戢不入新朝燕所有者補貧彌縫期滿成數月數數不可必得彼造物者天夫亦艱難辛苦而出之者也其有也其盛也其盛也其難也古人之言不信然哉天周

月師下而頒成例不辭洵恰折絲文

亦何幸而與唐虞比烈也。抑周亦何不幸。而下人之較遜于五臣。而不得與唐虞比烈也。說者謂商周之際。猶唐虞之際。唐與虞際而商不能以際周者才之厄也。不知才之所為難者固如是耳。于周乎何尤。于商乎亦何尤。

以飛花滾線之筆。摹柳楊嫋娜之神。于題氣一絲不走

孔子曰才　孫

才難不其　為盛　　十三名　孫汝周

觀周才之盛而信其難焉於其盛也益才以難而見盛矣以盛而見難也吾屢惟際而乃盛于斯焉才豈易言盛乎夫子有感於周才之盛也曰建聞代不朽之業惟賴有曠世特出之英以應會之急相待者也士君子望古遙集每欲躬逢其盛以觀氣運之隆乃以數時之所聞曉證於今昔朋良之會而後知曠千古而獨隆者僅合千古而一遇者也吾今昔觀於周才而不禁悠然有遐思也扶輿清淑之氣有開必先而積數百年之菁英以鍾為人傑則一發與造而造物亦幾無餘力故運回慎重生才者不勝吝才之心

思樸鄉墨擬霞　上論　南床山東

國家汲引之典無遠不屆而取千百人之後人以集爲國樹則旁
求俗後而忽山林必無留賢故側陋明揚用才者恒有遺才之患
語云才難自古誌之向令以觀不其然乎且夫才之盛也亦難見
而才之難也亦以盛見苟時衡天下之大而奇姿異質彼此其柄
望也將無以見其難者亦無以形其盛惟勢不可必得而側席求
賢益難然於相遇之不疎則盛固難見而振茅連茹古人所以誌
交泰之隆抑使俯仰今古之間而嵩生嶽降不獲一遇也將無
以見其盛者亦無以徵其難惟奕有所獨擅而遠邇前徽並暢然
於作合之不偶則難固誠見而千載一晤古人所以歎得士之艱

而猶不觀於斯乎斯之才可謂極盛矣而盛於斯者厥惟唐虞之
際哉勳華繼美令而朝以鳴其休而成天平地非徒左周而右召
教敷明倫非第咨虞而洵號其盛也亦盛於其際耳不然鮑知徇
恍窺後之著於有夏也豈無才而求如斯之濟濟思皇也烏可
得哉明良交贊合數世以成其功而吁咈都俞彼也五官不見少
後先疏附此也盈廷不見多其於斯為盛也亦盛於其際耳不然
殷惟丕式敷求之勤於有商也豈無才而欲如斯之雝雝穆美
也烏可得哉一撥盛烈於中天喜氣賡歌絕無而僅有揚休光於昭
代風雲際會聯後而紹前然則觀於斯之盛而才雖已足徵矣況

雜之中更有雜焉者乎

寫雜字不一味慨嘆而慨嘆句滌寫盛處不一味贊頌而贊頌

自切有華有書試輾破的　旻芷汀

從雜處勘入盛從盛處勘合雜交關分際語見精滿字經研鍊

當行出色　紐荊門

才雖不

孫

才難不其然　為盛　　二名　閆循厚

見為難者愈快其盛，聖人為當代羨多才焉，蓋才之難亦難于其盛耳。論才于周盛矣，盛于斯者唯唐虞，才之難可知矣，周才之盛何如哉。且夫匪居而懷上下古今之思，聖賢所以貴論世之學也。應運而成明良喜起之休，宇宙所以有郅隆之治也。君子讀書憶古，無事散并蔣前人，獨至于功名之會，則不勝其商確盛衰之意。及與之遐稽往古，神遊昭代，而快睹其盛焉，抑又欣然慰矣。五臣之後，又有十人，舜武之間，可以覘人才焉。天地之氣聚而後川嶽毓之，熏華協帝之世，與鍾洛而並應之矣。而此並應之者，何以盡卓絕于既無君相之感感而後風雲會之闕門鐵俊以來至武成而均會之矣而止自會之者何以遂獨超于將來是應期而興者（禪）（樂樂云云）乎是曠代一遇者又常見迭出者乎是顧望莫必者也不稱之說吾非嘗上下千百間亦不知古語之信而可徵也而吾以為不（兩嘗上下）知才之難者不可與觀才之盛且夫難也者有所期于才之通情也非無經天緯地之業而一空千古常見僕數之難更故不謂盛（竟何雖宋安社稷宇內紛紛不十八傳此等筆意惟天下嘆）而謂難充之難慷之隱非盛安慰難覲之烈非盛安歸故常取屈（大家能之後人不識者多矣）盛之遺事以難焉者佩蔡于其後以難取燕之隆軌以難焉者羨揚于其間夫而後難之心大快乎其盛而臣君之瘖歌頌乎於

棫樸菁莪之化且夫盛也者又有所見于才難之大願也詎無秋
水伊人之思而千載一時唯快相得之能彰故不謂難而謂盛而
（光具何等心胸何等識力）
實盛則有衰惟降神者不衰盛則難繼唯作人者可繼奚曾取造
物難窮之精于盛焉者大發其藏又奚曾取人世難必之遭于盛
（一氣直到下二句上下千）
焉者適逢其會夫而後才之盛大慨乎其難而帝世之賡拜愷遇
（年）
于榛莽阿陬之間才之盛也豈復有盛于斯者進而求之意惟唐
虞之際焉耳蓋人世之相遭也不能不分乎時與遇以唐虞為盛
于斯或亦時數之所不能違者也然覈五十載之登庸溯自受終
（癸亭獨見精義）（神來絕世）
文祖之日則丹陵之風會寔衍于蒲坂自非然者斯蓋超于古而

才難不　問

獨隆矣。抑聖賢之治世也。不能不分乎功與德。以唐虞為盛乎斯或有性量之所不能強者也。然原七十載之睿徵。迨乎運緒亦感之餘。則有嬀之精華。協鍾于伊祁。自非然者。斯蓋等百王而僅亮然。蓋觀人才之不偶。而流連慨歎。愛惜獨切于先民。而溯成周之昌期則景命維新。英傑獨隆于姬室。甚矣才之難也。甚矣周才之盛也。

到底警煉

以大力制題之命。以大氣鑄題之神。高騫遐翥。下顧皆早塵耳。

題本兩截。亦係偏全上二句。盡精神直到節末。下二句語未了。

為場中諸賢搜點不到。王荊門

采烈與。高機滿神至。藻麗處。崛崛崎崎。政如諸峯羅列如兒孫。

西蜀崚嶒處尊。吳蓋訂

三

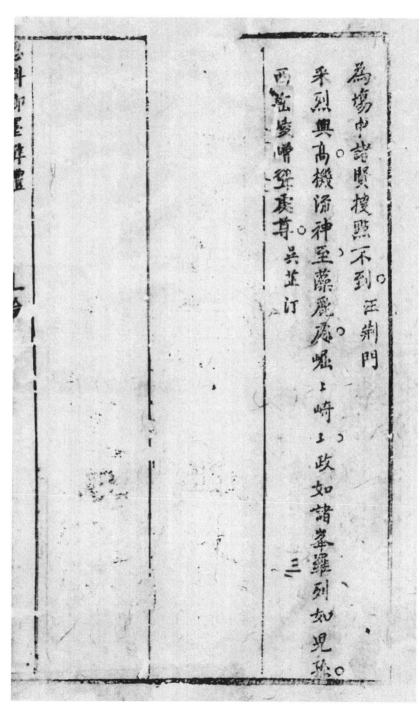

才難不其然乎唐虞之際　乙卯

郭植

有感於才難之語者溯唐虞而情深矣夫使才非難古昔以相傳是語也夫子為與感於唐虞之際良有以夫今夫一代之才果無所倚仗而足稱雄則生古人之後亦何必欷歔於古人之緒言哉不謂才以鬱極而通亦以美盡而貴茫茫往哲落落晨星有一代之才之挺生已藉有異代之才為之會聚也吾蓋嘗望古而思矣從來世不極否則才不生不極泰則才亦不出故貞元會合之數沛未盡洩而必蘊聚數十年一發其氣斯英奇於以仰日月之光運非為獨聚則才不蘊遂亦為合聚則才亦不奇故山川靈秀之鍾藏無可藏而必隱

蒙臺觀風首點覆試超等第二名

歷不一代始呈其祥斯名世乃以赴風雲之會有是哉才之難之感
我心也古人已先我而道之哉想古人身逢泰交之世而發為是言
乎則是言為目擊深切之言也彼誠見夫君而開天泰即有闢天之
才以輔之君而繼承者即有繼承之才以輔之其才剛猶是也而其
君都而臣俞者已非復一代之賡拜矣以欣喜而別存慨惜之情深
料我亦脉脉同此心期也想古人或未逢泰交之世而發為是言乎
則是言為想像邪際之言也彼誠見夫[illegible]有闢天之主孰先乘繼襲
之彥非有繼承之主孰總集下世之英其才固不偶也而其君容再
臣僚者已非復一朝之贊襄矣以企慕而別含不足之慨誰知我而

悠悠同此寂寂也而不見唐虞之才乎非交際而何以共推唐虞之才乎美才亦豈獨見於唐虞也造物之菁華聚於物則為珍為寶聚於人則為聖為賢唐虞又安得獨擅其奇然世閱世而遞遷彼汁鄭一語溯不知為誰氏之傳述矣而論才咨嗟者猶遙遙溯之曰此才之見於唐虞也而猶幸其際也則一堂萃三代之祖若無難軼乎伊初以前與軼乎有姚以後且唐虞又豈獨以才見也中天之揖讓有才而不與人角其才有才亦並自忘其才彼唐虞亦何嘗矜為無偶然歲閱歲而愈久此才難一語溯不知動幾人之唱歎矣而論才流連者猶嘖嘖引之曰此唐虞之先以才見也而何幸其際也則兩世

掄元愷之英似無難歷百代而惟稽古帝舜歷百代而通稽古帝堯
獨造才至唐虞而才幾不覺其難才至唐虞之際而才亦不形其易
矣觀唐虞之後至我周為盛而盛中仍見其難則才難不其然乎

筆力道上雅近大樽 原批

上句神全下句語偏粘合殊難文獨因難見巧而一種輪囷鬱勃
之氣刺手掄鯨牙舉酩酊天漿覺東萊博議于曲古史未足云奇
胡襲泰先生

筆所未到氣已吞撐霆裂月千秋絕調 林彥謀

才難不

才難不其　為盛　　三名張　洲

才於難見盛聖人之知人而論世也夫才之難惟才故難也抑惟才故盛也觀虞與唐合而才莫盛者周末與殷合而亦盛於才然則古今豈盡無才哉昔我孔子大知人之智以定論世之衡因上下千載而穆然曰無酌古之情者不能表絶人之業無準今之識者難以量盛世之徵士無曠觀之懷而動云古今不相及豈篤論哉蓋生之不偶者所以難待乎氣運而出之有為者亦視氣運為轉移士君子生當昭代幸際休明不可謂非千載之一時也吾嘗厲揚本朝而見夫賴在夾輔始立為肴定之功因之遐稽中天而

題外論斷眼高於頂

大槩說妙

渾樸勁意

先入斯言

訂辨畢竟之

知夫慶在明良已神其恭己之化无不禁慨想感慕於人之才且不禁低徊流連於才難之語而有以知古人之不我欺也才為天之所篤生而山川之英華鍾積之久而後發是生於天者非易也乃才以天生而遭逢之會又以其氣數之污隆分其功業之低昂則天為之於其難既已然才為人之所陶成而經術之湛深必求其全而彝倫是成於人者難假也乃才以人成而遇合之故又以其人數之多寡辨其品地之高下則人之為者其難又有然者其難而遂謂才之不概見也則又不然也才視其所資而資之以教治資之以撫馭雖愛惜之何嘗不致趨之乎才視其所用而大用

天人分出

[孔子曰]才難不其 為盛（上論） 張洲

而大教小用而小效雖樂觀之何嘗不鼓舞之乎吾也生周之世志周之盛在父子兄弟莫非聖人則天地之氣聚而後可挾效其（托起一層）（流走）靈即卜林罝兎可作干城則君相之志感而後風雲變浹合從後（落筆三句精神）有盛於我周者哉意惟唐虞之際乎蓋唐虞之過於我周也唐虞之大業也假令易受終為革命則孟獿舊臣恐收世族妾知不流（赤爲喜怒繇播厲爲目睢）淪於北海肥遯於西山也耶而高陽高辛而外不聞更有才子雖飲揮絃賡歌以成君都臣俞之美而殊不可得作史者感時論亭（折鈎等之獨丹手眼觀抒自然）不且惟我周為齊美哉而我周之稱遜唐虞也非周之得已也假令易武成為總師則陳疇知自揣歸元子安知不可恭豐鎬之謨

列襄官禮之經營也耶況鏤將助祭之儔大率號稱庸敘相與黼黻羽翼以成武功文治之隆必更有可觀讀書者憑今弔古不自與杏虞而爭光哉夫何代不需才何王不愛才然自唐虞而外佐文命者猶是七年之舊輔當簡在若袛推一德之阿衡洵乎尊之才爲獨盛歟乃名世之英既間世而一出而脩才於廊廟復借才於宮闈也則才之所謂難者豈不然哉

蜂大紛達古文氣局何以名世可以傳世　吳芷汀

上下千古綜時勢以立言炎一臣筆不讓王充論衡馬遷史案

汪荊門

才難不其　為盛

十七名　張籛

因才盛而思其難衡于極盛者而益見焉夫才難一語畀統帝王之世而云然乎惟唐虞之際而僅盛于斯其因盛見難者正因難而見盛歟且千古難覯之才每生于千古難逢之會于以歎造物生才殊多珍惜也蓋應運者時代不能無後先而論古者人才遂因為升降一為之衡量其閒覺帝與王之用才不同而所以萃發（宛然憐惜赴題）乎千百年涵育之休者難判于運會之遞隆實同歸于得人之非易也今夫人才迭起毋于氣運相關于才之難逢者見之即于之遞盛者見之且于才之極盛難繼者見之才難一語古人先我

言之哉合古今匡佐之良而重之曰才帝之才煥星雲王之才奮霖雨也為斯言者固已合揖讓征誅為世會密分其升降而非徒嘉賢自聖主之相遭覽天地鍾靈之異而重之曰難難于天工之共亮猶難于執競之同襄也為斯語者直欲統帝臣王佐為人才默驗其異同而有以識嶽降嵩生之非偶以云才難然乎不乎聞誓遠覽中天而信其然近觀當代而益信其然也不其然矣粤稽諸岳命官賡颺稽拜唐虞之際猶歟盛哉嗣後甘誓六卿不詳其續鳩方二老並逸其官夏商以來莫與京矣求所謂菁莪樂育棫樸作人以兩聖相承之茂育媺隆于

帝相繼之休風者意在斯

筆肆近古

乎意在斯乎然遞進而互見其難即相例而徵分其盛主極之隆人才即如量相附揮絃者愒觧薰風仗鉞者望同時雨才寧有異代之殊向令四岳佐命于興朝八愷降生于燮伐則熙帝載者寧不可贊王猷乎況陳謨之佐錫圭而難補前朝之績伐苗而已聞後代之勳亦不勝後先相望之羡焉安得不仰溯勳華還例夫昭代人文之萃氣數所限人才即因時彙征舞羽者自見允諸脫劍者自形踣厲才遂成一遞變之規向令多士無贊于麾施同心共襄乎韓瑞則奏疏附者寧遜于頌明良乎乃奔走之才不得贍旦之光僅得聽會朝之誓已不勝羡猶有慽之概焉詎得不遠稱

聲調高朗詞義亦復酣暢

喜起較盛于周家師濟之隆藉非唐虞之際則周才不幾獨有千古哉君子讀虞書泰誓諸篇未嘗不嘆人才之難而周德之所以至也

返虛入渾積健為雄非胸有鑪錘者不能　原評

文情斐亹氣格老成

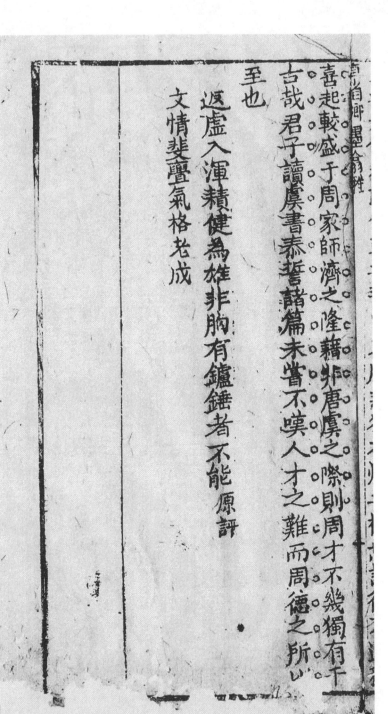

才難不其　爲盛　　　　張時雍

聖人信才難、其所感在周之盛矣。夫既曰才難、則周之可以言異者、又何以說。而不知夫子之所感者、正在此也。想其穆然歎曰、才者、天下治亂所由係也。是以樂其盛、不樂其衰。君子上下古今、憑吊人物、見有當其衰者、輒相與咨嗟悼歎、而慨然於人才之不易致爲可惜。乃今思之、而知論及於生才之天、而感慨係之者、正不必於英賢寥落之時也。古云才難、始嘗讀而疑之。夫帝王之興、感會風雲、至聖臣良相、得益彰、而猥云才難、不亦輕朝廷而羞當世之士哉。既而思之、夫古人立言、各有本意、吾烏知世之所見爲易者、即古之所謂難乎。

則試驗之往古按之當今乃始信之無復疑矣蓋以才之不易生為原評撰定下文

難者猶偏論也天心仁愛人君則必篤生一代之才以為之佐乃比

肩林立而尚論者猶有餘議深惜焉具曠觀千古之識者當自知之

耳抑以才之不見用為難者猶非極至之論也人主求賢若渴則必

羅致天下之才以共治安乃功崇業除而追論者猶未能快然而滿

志焉孰察乎天人之故者亦不以為妄耳我周受命一家父子兄弟

皆具聖人之才奇已而又有異姓之英蔚然並起相與手定太平揚

光日月嗚呼豈不盛哉上而溯之其惟唐虞之際堯倡於前舜和於

後禹任司空稷為農官契作司徒皐陶伯益咸在位除天下之大害

君天下之大利臣。令兩朝功垂百世。以周較之為稍遜耳。而便諸亦者不逮堯與舜禪。而各事其主。先後不齊。則以五臣而分屬兩朝。其為之才之數。何可勝道。且不得與周室比隆。又安得謂盛於斯哉。然則唐虞之際。周萬世一時。而斯之盛。不亦曠千載而希覯者乎。才難之說。然不足為吾周惜也。然而十人之數。猶未足。其難乎。其不難乎。以盛者而凡難之餘之所以深信其然也。

全節是聖人從才之極盛處見其難。但有婦人二句。方言其難處。擧二句尚言其盛也。若前半不能關合下意者。筆塵二句便难粘合矣。作者解題概見匠巧。原評

甲戌科大題文選　論語

原評最妙。今存之。

才難不其然乎 二句

盧撫臺觀風覆考 稿 張甄陶

州府學超等第一名

聖人重視才、慨古言而思帝治焉。夫才非曰少見、難以多見。其諸也。夫子然才難之言、而有慕于唐虞、才之遇愈隆、才之難愈見矣。意謂今而知古人之以愛惜人才爲務者。彼非徒鑒于借才之代而然也。蓋古人常存不易得之心者、皆生於不可幾之遇、而後人追思于不可幾之遇、亦如見其不易得之心、使徒以古人若有慨乎其言之、遂不敢援郅隆之代以相擬也、何足與論人才之故哉。吾嘗有感于篤生之不易、遠追中古之隆時、而恍然不敢易言才也。蓋天生一代之人、原足供一代之用、昌明所植、各有風雲龍虎之從容謂生不逢堯與舜禪而英奇之品遂寥落人間也然足供一代之用者又未嘗盡快一代之心古訓所傳不勝挺秀鍾靈之重即使神遊拜手與賡歌而鄭重之懷愈難自已也才難之語自古傳之吾今者有溪契焉彼莫不知闢門亮工之世無美不具者獨有見少之思翕受敷施之朝無奇不收而常有不足之意蓋天地之菁華秘者多而鍾者少固難干頃果之存秘者少而鍾者多又難於拔茅之彙國家之培栽用不足以盡其生固難于登進之日生不足以副其用又難于謝除之時則當因其無一不難之公而擬之若不足難之世然擬以若不足難之勢而進觀乎獨操其

勝之朝益吾然才難之言而不禁深有感乎唐虞之際也放勳者華七十載之搜羅而無為而治者合而大拜颺之用此際之遭逢寧可多得也如是而猶謂其難則所以成之者已奢然天下盡如是之以聖繼聖而揖讓於一朝者乎如其不然則雖望生才極盛之會適足以驗求才者無已之心焉耳廣運者萃十二州之岳牧的元德升聞者合而成輔佐之良此際之交泰豈易易得也如是以証吾難也諒非古人之所心許然天下盡如是之或授或受如宜力于一室者乎如其不然則慨思夫古人獨隆之遇適足以見古人難副之懷焉耳合而朝之炳蔚若是解免於斯言而極二帝

之疇咨未始不共通于此意才之難難以斯也斯之所以不免于難難其際也才難之語詎不信乎

盧大中丞原評

組織上下一經一緯用筆真如絲綿之麗密也劉郡覆

為冠場

才難

紫陽 陸景雲 靄小

有重視夫才者古語可追思焉葉哉才之無而亦難於

才之有孔子所為歎其難乎有感其人才隨世運為轉

移運合而人才亦合運分人才亦意惟千古惜才者知

運盡不亮無降才之日世時之人往往以天之

靳其才而不數見於斯世而深為惜用者先民有言猶堪追憶而

不忘矣吾嘗衡當世綜覽前朝觀前聖人得因不禁

於才難一而後然有感也才之生有其時而非其才不

生扶而一顧其知莫

而□□意才之遇也有其時而非其時則才一遇積數百年之
祖德宗功而始食其報則知風雲會要俟諸年久遠之時然
則謂才為難夫豈古人之好為是論哉才顯於前而□不見為少
才著於後而後不見為多而究之多〻少〻見〻曾日其時不覺也從其
後以觀其前而其生不偶其出有時才之一難乃始見耳想古人實
見夫佐帝匡王之績一一見諸往事力不□感慨係之者有如此
言也有官天下之才而以治繼治有家天下之才而以治易亂而
究之治亂之迹易其地皆然也從□而向以究其異而千里一聖百
里一賢才之難乃益見耳想古人實見夫開治戡亂之迹歷歷有

所由來而不禁低徊欲絕者有如此語也然則謂當之才之世而始見其難非也之才之世自天限之多才之世自人限之惟即其神靈間出泰交相慶於同朝而遭逢之不偶氣數亦無可如何才固不難於無而難於有者矣然則謂當之才之君而始見其難亦非也棄才之君固不知其才求才之君又難遇其才惟即其賢哲挺生師濟而萃於一代而運會之適然帝王亦莫能自主才固不難於所有之少而難於所有之多者矣驗鐘毓於兩間已知降才之不偶也籌閱於往哲尤徵立論之非誣才難一語其然乎其不然乎

只就題中二字反覆辨明而通章意旨恰在箇中靈心結撰涵

蓋一切 呈曉峰

按部就班文成法立 沈少覃

才難

蔭

孔子曰才難 二節　陳萬策

賛周才之盛爲推美于至德焉夫周才可比唐虞而至徳亦未云遜也子故賛美而推原之歎若曰自古受命之符豈非英賢翼賛忠厚開基哉若乃承帝王之後而俊人輩生遂媲中天之氣運處改革之會而積累深厚未殊揖讓之盛心尚論其間可以見天下有必治之勢而聖賢有自出也可以見聖人無利天下之意而歷祚所以長也如我周是已夫我周之興也寧獨在上之德凡在廷者咸有力焉世必有非常之人然後能佐非常之事非常之才天之所甚惜也是故才難之歎自古而有之當自者萃川嶽之禎際

風雲之會姬宗之出聿多彥聖異姓之臣咸為幹楨此惟合唐虞兩朝之才乃盛于斯而猶不能不致感于十人九人之際以是知人才果難而慈日之篤生乃異數也以世守侯封之國忽而生此數賢聖焉勳華之業其必有命之者矣望旦之猷遠追皐益而順天應人總賴此一心一德之助以得專征伐之邦忽而聚此數賢聖焉光被之烈其必有啓之者矣顛夭之侶上擬夔龍而永清者定早卜于陳師誓旅之先且夫天下人心之歸周也豈一日乎四海有毒痡之怨羣黎樂怙冒之依叡靈赫于寥崇德化敷乎虞芮以此仗策力之佐乘時變伐無難者然且小心翼翼卒有二之勢

以事獨夫此何為者也天下事之可以得而不得者此中必有大不忍者也故雖眷顧有式廓之增而安焉以盡臣節者寔不敢輕為懟德之尊其與讓德弗嗣之舉有異心歟天下事之無可辨而猶辭者其中必有大不安者也故雖四方有致附之象而歉然以守侯服者初不敢萌利天下之心其與南河陽城之避有歧旨歟此乃所謂至德乎自非大聖人當此孰能盡臣節而無憾者乎然則周有唐虞之才亦有唐虞之德唯其才之盛則其取材也宏而其垂制也遠樂備禮明遂軼夏商而建國唯其德之至故其受之也彌遲而其膺之也彌固燕天昌後必兼二代以歷年蓋自古人

太史家藁

才主德之隆。前莫美于唐虞。後莫美于昭代也已。

不用鈎連側注上下融成一片議論宏通格局森聳可謂力大于身眼高于項　李抑亭

孔子曰

才難不其　為盛　　十九名楊庚

述古語以論才，因其難而先衡其盛焉。夫才皆為難，以不易盛而見其難也。唐虞之際，較盛于斯。予故因述古語，而先有以衡之。且極盛難繼之說，不可以概世運，即不可以論人才。盖世運（隱逸）盛而人才即與之俱盛者也。顧以難繼者為繼，而聖以紹聖，其盛自濟美于兩朝；以難繼者獨為繼，而聖以述聖，其盛遂特隆于一代。古之人不我欺，何妨綜計乎世運人材以遞推之也。吾也曠覽古今盛衰之原，歷攷帝王升降之故，綜核乎人才聚散之機，而不禁恍然于古者才難之語也。今夫才之難，亦難乎其為盛耳，莫易于康

績之熙而乎成者為難莫易于虞尹之秩而允廸者為難然論其
才則難在登庸論其盛或難在師濟也則上溯諸明良喜起之朝
而益信篤生非偶莫易于後先奔走而坐論者為難莫易于疏附
禦侮而夾輔者為難然求其才則難在一心求其盛或難在多士
也則曠覯乎聖主賢臣之會而始知遇合惟艱夫才之盛孰有盛
于斯者乎而吾也因才之難轉想才之盛而不禁穆然于唐虞之
古典似國初人手筆
際也勳之放也帝可協光之被也華可重此際之禹拜皇颺不第
續心傳于十六字惟是欽明文思之美必繼以溫恭允塞之隆而
曰吁曰咈曰都曰俞盛會始垂于史冊此二典之所為冠以虞書

也態之夢也佐司求鴻之飛也績可紀一時之經天緯地聿開景運于八百年惟是風雨從龍之彥僅遜于星雲復旦之朝而之屏之翰之邦之紀盛烈亦傳于千古此官禮所以創自本朝也夫然

連跌斯字灑珠楊探

而不得不頌美于斯也斯以訪疇拜範而盛媲璣衡斯以棫樸義而盛濟松棟由才難之語以遞論昌期而稽古帝堯稽古帝舜雖並載其闢門詢岳之文而維頌曰盛哉乎斯世夫然不得不鄭重于斯也斯以承謨傚嗣予而盛且藹于啓之象質斯以分陝比皋夔而盛且愈于伊之專美由才難之言以迭徵嘉會而亦越有夏亦越有商遂獨彰其壽考作人之化而非至盛孰能與于斯此

吾所以因古人之言而綜計乎世運人才以遞推之也

筆力沉雄不同凡響韻語吐屬名雋闈中罕覯原評

字裏行間饒有卷軸之味

孔子曰才　為盛　楊　炳

聖人有感于才而信其難、因舉斯之盛為例焉、夫才不難于生而難于盛、故古語信而可徵也、不然、其之僅逮于唐虞、詎曰未盛而遂足恃乎、且天地（兀然而來）愛才之心倍切于才人之自愛、而帝王遇才之會倍艱于天地之生才、故古人之論才者（此理甚微）惜之不已、反激為相遇甚疏之論以傷之、（痛筆伸情究含）而人道之通塞遂與氣運之通塞相關矣、惟當大通之世而猶有餘慕焉、不得不令人深長思矣、昔孔子綜敹世之隆替、衡與俊之廢興、上溯師濟、下逮鷹揚、中談箕陰華野、（急出最肖）不禁感慨係之、因望古遙嘆曰、善夫、古人才難之語、豈欺予哉、天心

警拔

不逢極治極乱必不以小哉居奇乃昔人殆以思裔造于鳴鳥也
乃天而既兆熈明矣若來者咨嗟于朝而随刋者猶滞于胄其皆

論古有識

相值耶即值矣而一王代興史書祇傳數人餘未必碌碌因人也
蓋湮没多矣非觀變既深哉疑古人輕量天下士耳賢豪不遇一
德一心必不以詭遇傷大器昔人殆以懷美人于榛苓也乃君而

襯托亦奇

既切旁求矣帝賚者形通于夢而為霖者不築于巖其能相賞耶

格之字萬世通弊

即賞矣而近代用人崇畀必限于文凉未必一見登庸也祇沉淪

文跌然宕峭動

老矣非悲憤既極哉疑古人特論為失乎耳且夫古之為是言者

落筆洪健

豈徒為賢才惋惜云爾哉蓋帝王升降之運係于此矣夫自古人

才之盛共推我周蓋夏殷取才異姓而我周獨備一家無論二公

補夏商先一筆猶人

分陜總及成康而孟侯亦靖殷頑弱弟亦虛桐戲故雖有無官之

五叔猶愈借遺老于先代求良弼于傭耕抑夏殷代不乏賢而我

奇文異采如鸞鳳鳴女休之

周賢不勝錄無論呂伋伯禽僅列世爵而鬻子不居保傅辛甲未

與秉旄故弼及兔罝之野人猶愈數傳而羲和失官繼命而鳩房

無詰猗歟盛哉非唐虞曷克媲其休烈乎即謂畢榮止治一時而

于字透出

三代總王皆藉帝臣之積累則撥亂不如輔治之功長且開散僅

媧皇數而重華協帝猶仰鄉直于皋言則希賢不如大聖之德茂

然亦幸而闢門禪授千載一時耳何令放勳倦勤惟四嶽以巽位

不則歷山崛起代帝摯而永清則五人而分兩朝之願輒反不若（異相天開挾出帝字）

我周繼述不攺父臣矣然則非有唐虞之際斯固曠百世而獨隆

者方難之語無乃非達迨思及（韵絶）內助微音而又爽然失矣

議論中不乏神情組織處更饒風韻子其才思之匹區乎李醒

齋宗師評

粘定用才艱于生才立意無限感慨蓋春秋有孔子相從七十

餘人生才豈不盛耶而治不遇唐虞亂不當辛紂竟亦無所用

之矣至于發論奇崛直揔數千年　運筆馳驟于筆底可以泣鬼

神而驚風雨

才難不其　為盛　　十一名　翟廣仁

才難於盛即極盛之時而益見其難焉蓋使才不難何以惟唐虞始盛於斯也孔子所以懷古語而念周才耳嘗謂人才之聚散國運之隆替關焉顧命世之英不常出至治之時不恒有吾人幸生郅隆之朝而為之擬議其畏覺中天而後此鳳偃得一遇也吾蓋近徵本朝遠稽帝世而竊見才之大凡矣今夫才也者是固帝王之世所賴以開草昧而底平成發文明而大讃烈者也幾假而歷觀累代前後濟美彬彬郁郁無不各極其盛焉豈非厚幸耶才難一語自古感慨係之抑獨何歟蓋嘗就一人一身而論之精氣不

[illegible]

題中意理[illegible]抒暢發

徧鍾於百體故神明之地天君其獨宰之矣而從令者不必皆顯（雅盡如此作此論頗不關緊要）

閭之股肱分職者不必盡宣聰之耳目則亦未可為竭於四肢發

於事業者表盛德之在躬也而由是推之家國不更可知乎文書

就一人一家而言之秀氣不獨聚於一門故綫緒之承宗子其看

任之義乃伯吹壎也而仲未必吹篪父肯堂也而子未必肯構則

亦猶且以莫為之後雖盛弗傳者嘆極盛之難繼也而由是推之（出亦安歟）

天下不又可知乎不其然乎則試進觀於斯王國克生濟卿師濟

之美思皇多士莫非髦髮之英猗歟盛哉就則繼興斯科以撰哉

意惟欽明者甄之放而曰吁曰堵揚側陋於光被之時儲帝者攀

之靈而以功以奮關四門於受終之旦當此際也神聖相繼而天
地鍾靈治水明刑之佐丞勝於鄉舉德之傳矣藉令當日者有
格被四表之世開於先與元愷升聞之命總於後則遠穉諸臣哉
亦不安其位而成其業不將使成周之翼翼者其勳名炳蔚獨有
千古耶揖遜相承而山川毓秀敬穆朝廷之獻較優於號附後先
之偶矣藉令當日者值熊羆既兆之餘而爲德讓禪受之舉易膺
揚佐命之績而致鳳儀獸舞之祥則艳品諸臣想亦爲佐永清所
際○等○用○意○寫○就○盛○乎○斯○而○是○特○須○淡○之○盛○字○字○要○緊
從帝春又安見其夫也濟濟者其品望赫奕與舜輩耶是則有
唐虞以盛於前復有斯周盛於後此際相望固和誕降之多意然

有斯以鐵於今僅有唐虞如盛於節激乎懷藉覺殆生之匪易
豈不已見其難乎所況來滿十人之數乎
題頗遞卸處着精神自是能手後二比扼際字用意暢所欲言
惜前一人一家、二意與題稍遠特點出之　汪荊門

才難夫　題

才難不其　為盛

丙午江南　蔣熹　元揆

聖人深契古語。正欲于才之盛者驗之也。夫合唐虞而乃勝于周。則周才固極盛矣。然古語之所謂難者。不將即此驗之乎。且圖治必需治人。自非無才者所得與也。顧使才常足于所用。豈不甚幸。無如其生不偶。其出有為。即以昭代之隆。閱數世而僅一觀者。果遂使掄才者快然滿志矣乎。吾今生當執近而追想盛明。蓋自中天景運之世。迄于永清大定之餘。人才之輩出。未嘗不歷歷誌諸懷。爲乃弔古而抱淪才之傷。不必在簡賢棄士之世。感懷而遡明良之會。不必皆慊心滿意之端。才難之說。自古云然。而以我思之

○末○句○跳○得○虛○步○

豈遂為虛語也哉謂升降為天道之常乃天道何嘗無郵陰而賢哲挺生若有定數雖以川嶽之鍾靈蓄而必洩而不能常見有餘謂聚散亦人事之恒乃人事何嘗無作合而豪傑乘時默為限制（方是此處難字）（落盛字紆徐有）雖以累朝之培植久而弥光而初非遂無遺憾夫人才之難難乎其為盛耳而要非無盛治之朝且所稱得人之盛也吾嘗思西京有耆定之烈牧野有變伐之功維時佐命之士比肩接踵誰欤盛于斯欤其惟唐虞然使唐不際虞奚以開其先使虞不際唐奚以承其後後先輝映而應運者寔多則斯不得獨擅奔走禦侮之材惟唐際虞而放勳立其型惟虞際唐而重華協其美勳華相繼而

後起者莫及。則斯庶幾其多馮翼孝德之儔。一代之興。寔並而朝之治。舉夫安邑亳都。莫與比京。掄才者應嘆聞見之特殊。昭代之業。遠紹帝世之模。舉凡夏造殷因。難為絜量。儕才者應無寥落之興感。夫人才至于斯。則有以戡亂。有以圖成。不可謂非盛矣。意即古之為才難之說者。論至斯而亦無不醇不備之憾乎。孰知斯之（挽合得神）見盈者。即斯之見絀。而才難之說。洵非誣也哉。吾是以刪書斷自唐虞。而于吾周且重有惜也。

題不難于安放上截。而難于停頓下截。文獨紆徐而入。不沾沾于起伏挽串諸法。而情文相生。位置停當。自是老手

才難不其然 一節

長洲縣學師 月課外學一名 潘葆光 本姓徐

聖人感周才之盛而深歎其難焉夫周才僅遜於唐虞可謂盛矣然猶止於九人焉才難之說不信然乎且天之生才不數豈必信之於其衰乎正觀之於其盛耳夫使運值未流而英奇卓犖之材代不一覯則俯仰古今者且徒抱無才之感矣亦安所稱難也哉使必無才而後稱難則我周之才豈必遠遜於唐虞而十亂之濟濟且與五臣等爭烈矣可不為盛歟而何難之與有然而自古歎之者何也吾也幸而生於斯睹其盛而竊為之稽其人考其數蓋未嘗不慨然深信其難也夫王國有篤生之慶維周業多士之楨才之盛者莫如斯一思

借勢翻

入既不落空亦不粘實

先虛籠

度批逐層遞跌

本朝直省未來會中其……

皇之長極於蒐附後先作人之化々於菁莪棫樸才之盛者又孰如

斯庶幾哉其唐虞之際乎以一代之英誠不數乎兩朝之佐其唐虞

之際於斯為盛乎必五臣之德始可篤乎十亂之才蓋則祈稱亂臣

十人不誠絕唐虞軼夏商亘千古而獨盛者哉乃稽其人則有婦人

六朕七二十二氣譜援謀見得才茲意

焉而考其數僅九人而已假令奔走禦侮之班而指不勝屈則雖有

宮中之佐亦僅嗣太姒之徽音而不必躋之於同心同德即使周召

繁嚴之儔而數堪彝秉則豈無玉姿之才足以並鷹揚於牧野而必

此一層史詞得曲折行文極同背佳

侍討及於婦德婦功雖天之降才固無分於彼此故陰教與陽教並

未之妙

隆宮中與府中並理亦足以見上天篤生之甚廣而輔弼匡襄正不

徒在趨蹌之列也何其盛也然世之需才每以多而益善若佐治理者偏嶄乎一人分左右者未盈乎成數更足以徵川嶽陟降之維艱而歷數校舉且并及乎內治之英也何其難也即曰才不世出然五（山雲水復柳暗花明）臣而後天地之儲精而積氣者亦既惟有歷年至於斯而一發其盛雖十人而尚恨其少也而猶嘗其一乎況乎代不乏才而唐虞以降（章折）夏商之累世而遂興者亦既無大相遇至於斯而始並其休即十人而寧遠為多也而獨盛於此乎才難不其然乎

起手不空疏才難句一路將周才之盛遞跌出末二句來以後六股全於末二句中透發才之難作法既高才情橫溢一氣湧出亦足推倒豪傑

孔子曰才難　二節　薛振聲

周才以盛而益難、周德以讓而愈至也、夫以周之才、遲有二之後而始見、豈惟才盛、其德可謂至此可合唐虞而一之也歟、且夫國家之氣運以才翊之、而國家之人才以德培之、（軒敞）論者不察以爲繼治者才既優而德亦優、繼亂者才雖優而德或絀、遂以此爲周憾也、是大不然、我夫子有感於舜之五臣武之十亂、不禁慨然曰盛矣哉、周之才乎、吾於才之盛而見其難也、吾於才之難而覺其盛也、孟津來會以前、群才皆斂而未試、乃佐命之勳至武而著、（略用羅絡作法不覺）則造物固有不輕用才之意、牧野既陳以後、群才皆嘗而思揚、然特出之爽自文而肇則彼蒼固有不忍軼才之思惟其難也故周有之而矜其盛也使才而非難則師濟之朝亦易為繼而何以千載之後僅見於斯使才而非難則藹吉之多過於王國而何以宮中之佐未滿乎十人而無唐虞則我周之才不振古而獨絕哉雖然唐虞

一頓一翻有如烟雲觸起

之際固以德稱而我周之才用以戡亂將無有慚德乎乃我思周才我嘆周德之至矣蓋周之才皆文之才也當日之後先疏附皆足翼文之明德以有天下乃有才而不奮其才而退處西藩與畢散諸人共撫有商之版宇是以其才暫晦而其德彌彰啟周之才皆文之所留以及武之才也當日之干城腹心皆足贊文之厥德

以有方衰乃有才而不逞其才而天王聖明與熊羆諸佐共凛臣節於偏隅是以其德彌先而其才終顯不然三分有二之時正需才之會也亦見才之地也文稍替其服事之心而九人定左右之宰不足大用其才哉然其德不無可議矣雖才難之說如古所云不且視唐虞之際猶有餘憾哉

兩節書旨離合惝怳文若斷若續晴雲烟雨忽霽忽霾於羅浮之間

孔子曰才難不其然乎

顏李院歲考　韓　獻

聞抑之亦愈信其難惟聖人深會之矣夫才難之言不知其有不信其難也孔子引之而深有會於其言宜哉且居今懷古讀論往代之人才顯不徙為湯厲之辭而怨增嘆惜之感以亦足滋尚論者之疑矣進實考其由來乃知非古人不能言之非聖人不能信之耳歷觀虞武兩朝而知才之有也非為治而生即為亂而出舜則全有其才而見之於命官咨岳其才即與世俱傳武若幸有其才而自明其同心同德其才猶至今可想後之論世者莫不慨乎有餘慕矣而亂乎於此獨撫然感懷為之深嘆若欲言之而不能盡竊以為適有會

深題有神

乎古人之言之而不嘗若其自言之也因吾聞之矣因推難吾不知古人固有才之難而為是言乎抑因惜才之難而為是言乎其命意不覺知矣而由其言以思苟非衛才之至當必不能片言而斷[illegible]之遺逢吾不知古人因才之有而嘆其難乎抑因有其才者而嘆其難乎蓋逢情若相告焉而由其難以思自非惜才之最深必不能道辭以定簡在之品類想古人有見於才也難出而為是言也知不知其有何由知其難古人亦何幸而生其時乎啟不競欣幸而贊嘆之曰難其詞難也若多快意古人抑或因才之間生而有是言歟[illegible][illegible]知其難亦何知藥其有古人生平嘗多此感矣輒不禁低徊[illegible][illegible]之

孔子曰才難 不其然乎（論語） 韓獻

之曰難其言難也若有危詞焉初聞之以為特曠觀之論耳乃傳之
至今而一則令人神往一則令人感懷欲於才難之外更置一詞而
不得焉何上天之生材所竟不能出此一言參耶暢思之亦以為特
寄慨之端耳乃溯諸往古一若使我追慕于無窮一若使我彷徨而
難已即縱於才難之中推廣其餘意而無從焉何川岳之鍾靈而終
莫能易此一言矣不其然乎古人非必有所指也而有會乎其言若
為歷朝所創論又若為一代而興懷吾因之有所感矣誠深見其為
難可以還証夫前朝并可以敎思夫昭代吾蓋三復斯言而不禁喟
息於上下千百年之間也

本朝考卷小題篋中集　　論語

粘有字看難字全旨都攝故知會心處正不在遠○一唱三歎○韻味在行墨之外○原評

下文云云正于才之盛處見其難文從上文兩有字得間注射下意便無一語涉套○真妙會也○若只賞其善留虛步○尚未得作者契近○

孤于同　評

孔子曰求　二節

浙江鄧宗師歲入錢塘商籍七名　陸士紳

直摘賢者之欲，更告以當患之故焉。夫徒諱其欲而不審所患，則貧寡與傾並至矣，乎疾之而復諂之，求可不遵所聞歟？且先王開國承家，夫固有定分焉，而欲念一萌，不舉人之所有者而兼併之，則其欲不快（雋快），不舉己之所兼併於人者而盡憂之，則其患亦不止。然則巧於文過以自逞者，亦當綜觀家國之故，而熟籌其大效矣。求以顓臾為子孫憂，得毋謂彼焉思啟，必將薦食我疆隅，滋蔓難圖，行見散離我士女，則是寡矣貧矣且傾矣，似足為國家之大患（空中飛舞）者，而吾以為果爾猶不足患，矧其借是以為辭也（提接）。君子曰：顓臾之

伐求實欲之而必為之辭是可疾已夫季之與也當分宗受邑之
初系別三桓勳銘而社則殷民六族顧與爾大夫撫而柔之土田
陪敦顧與爾大夫剖而食之亦可謂衆矣不寡矣亦可謂富矣不（呼吸萬里）
貧矣詎煩後之人特見為寡則欲衆時見為貧則欲富欲衆欲富
則其營營於家國以自取戾者伊胡底也而顓欲自益其失耶且（受之元公繇之從州）
夫麋（財）收賦徒見拒於京城令尹封靡遂賄誅於觀起五百家之
衛貢華寡邯鄲千百乘之泰鍼浩舟河上古今來有國有家者始
而患寡繼而患貧究且祗求貧寡而不得者無他不均則不安不
均不安則不和將見貧寡日甚而傾即隨之語云足欲故亡豈虛

也哉欲夫次國二軍三卿更附豈盡卒徒之已屬而繫若苞桑然邑無甸家邑任稍無事不入之倍征而奠如磐石是非惟寡不當患也即貧亦無傷患非惟不安宜患也即不均尤宜患蓋均則其

繳四文之正鋒

分協不必欲富而自無貧矣均而和則其情聯不必欲衆而自無寡矣均和而安則其氣固結而不解不必拓辭於子孫而自無傾矣而欲之者胡勿聞歟夫偏陽以亨向戍則曰光啟寡君邶殿以錫晏嬰則曰利過為敗黑肱歸邑免傳敬䘵之箴文子能臣自絕史鰌之慮使求能遵所聞而不以貧寡為患則不必諱言其欲而

激蕩争趣

欲無自生君子且亟許之而又奚疾哉

河精潏釆霞象飛文薛紫洲

孔子曰

孔子曰求　二節

浙江鄭宗師歲入　仁和商籍九名　關錫田

欲不可揜當審所患而思其義矣蓋欲之而借辭於憂思以揜其貧寡之患也抑知貧寡原不足患乎從述所聞治國家者固自有道耳且夫扶其自私自利之見而漫思保世以滋大此固無與於計之萬全者也蓋立意不容自欺而經國必期可久惟以坦然至正者綜上下以策其成而一切苟且之圖不屑為亦不屑道夫乃嘆經營之不苟而其言為可信矣顓臾之伐季氏欲之而復解之曰為子孫憂信如求言是誠患顓臾之傾我乎夫不憂其國而憂其家已不可以為訓況其遂〻隙中若亦謂版章未闢户口未增

將以求吾所欲耳而何爲予孫憂之有與哉求之又爲之辭也論
果出於至公則雖遠慮深思不揜蛟然之志乃明：狡焉以逞而
偏借善後以為名抑知口可騰也情其可飾乎夫翼予貽孫豈無
伏下
偉畧奈何僅以口舌爭也計果規於無弊則雖審幾察變自成不
易之謨乃明：求濟其貪而復假危心以自警抑知言可誕也志
其可欺乎夫保邦制治豈乏良圖奈何欲以俗情測也君子疾之
壹答
疾其辭正疾其欲也且夫欲之者其辭似主於無傾其患實深於
蔚事有
貧寡不知貧寡不足憂而然欲者亦不止於無貧寡益利害互為
甚
倚伏苟急於求利而害且日深理勢無可激消然樂於循理而數

亦自集自古有國有家者其於患不患之間夫豈辨之不早耶所患者何不均不安是也所不患者何貧寡是也天下事每因情之不自禁而輩變以生蓋恃情者其心祗欲無貧耳無寡耳孰料使求饑而待嗛以趨愈無補於國弱之憂且不惟無補而已更有甚（平寫兒一寫患）焉者以隨其後所以多欲之剝動而有悔雖至矣言日出君子不能然其作法之齊天下事又因分之不敢踰而紀綱以定蓋循分者其心祗憂不均耳不安耳孰料等威辨而志氣交乎即遞致乎豈等之濫且不惟遞致而已更有永焉者以厚其償所以無欲之迭動固不藏雖至奕世而遂君子尚樂守其訏謨之正觀於均以

生知以生安傾且可免鰥寡貧乎彼欲之者亦嘗聞之否耶是知欲念一萌必至文飾其詞說故違心之論多出於貪夫而悉機祈伏不容誤役其精神敝致治之原必謀諸碩士柰何昧前聞而見疾於君子也

妄偷示盡

氣象光昌包羅萬有自可鮮北斗而絕大塊　陸紫洲

孔子曰　闕

孔子曰有命　三句　　李鍾嶽

述聖言而歷想聖行一時中之道而已夫義命自安與舉於事孔子則時中者而亦曰有命也進退復何所詘乎且有名心之念室而于進之未有已也是曰不知有命自天貿之焉唯厚寔騖名異圖而寤遇合之無自爲已矣而遑恤其他乎是其生平忘昧出處之宜失中正之道以是而來當世之指摘固其宜也而不謂敢以非禮非義者誣我孔子也孔子既闢衛卿可得之言倘亦愕所易就而義所難辭者熟其進爲則衛國之重臣也其退爲則東魯之徒步也夫其悲憫爲懷而東周時切一旦以踊予之徒亦且傾誠

而為之延引或無容退而高蹈乎而孔子何以委之命也且夫命
之說其困君子而便小人也抑已久矣君子秉禮度義而藜藿不
充曰有命小人蕩閑踰檢而貪苦蓋甚者亦曰有命也君子難進
易退而道大莫容曰有命小人貪緣詭遇而放廢終身者亦曰有
命也君子曰有命而得位行道終無改其非禮不蹈非義不由之
心小人曰有命而得志乘權祇自便其進思沽名退思就利之害
然則命之說一倡而士君子辭受取予一惟命是聽而不必求所
自盡乎是又柰取孔子生平約畧而深思之矣夫孔子平日衛非
有進不易進之操何難以苟進孔子而或由彌子以進是遽以彌

二而不以禮也衛非有退不難退之累何能以勇退孔子唯不苟
衛卿而退是退不但安命而定以義也細想孔子生乎夫誠何所
苟耶一行可其仕歟公養其仕歟歷州相君而往來於陳之鄭衛之
鄉孔子固嘗進矣夫其進不一進也命為之而其進不苟進也禮
制之也縱未始拘〻為求所謂經曲而合之而貴陞而降則凡進
之所在即為禮之所在已矣尼谿其未錫歟書社其未封歟一車
兩馬而終身為南北東西之人孔子又嘗退矣其退不一退也命
使之而其退必勇退也義主之也雖未嘗汲〻焉度所為當然而
比之而貴行而行則凡退之所在即為義之所在已矣豈徒以命

李[illegible]麓稿

自安云爾哉。然則孔子所行何一非禮何一非義仕止久速與時

偕行所[illegible]彼好事者敢從而誣之也嘻亦已甚矣

氣象[illegible]

有命

孔子曰有命　命也

江蘇張學院歲試　周日藻
震澤縣學一名

安命者以有禮義其不苟于所主可知也夫得卿而曰命有禮義在故能安也（沈云宋改獨舉義）齊衛處當退之時而忘義命乎且君子以一身處進退之間而深觀于得不得之際大率無倖進以圖功無難退以狥此即有時小人嘗之以得而立意不回故後人疑其無以自持而卒未可信也昔孔子于齊衛處當微之時也而癰倖是主有倖進之思乎（原評：使為後卜伏脈）審若是是自失其生乎進退之衛而先不度于得不得之數矣（題具見識力）不觀孔子之辨衛卿而曰有命乎蓋君子之自律也則不言命言命是必道有所不盡也（原評：二比鎔鑄全）事事按其栖于夫高進不講于辨進

之節退不酌夫裁制之宜將挾持無具而順命之說亦屬無憑而君子之曉曉也則必言命言命是亦道之所並見也外若護其權于數而難進以觀在彼之誠易退以堅在我之志將主持一定而聽命之中自有定衡然見孔子何以不曰有禮蓋當寵臣援引之初而雍容以致詞是即進以禮也但言衛卿之得則可不言禮而言命然則孔子何以不曰有義蓋當宵小薰灼之際而斷決以明志是即退以義也但言衛卿之得不得則可不言義而言命此可見孔子生平進退不苟而得不得之間斷斷如此矣以彌子之得君而進賢以子路之篤弟為招致宜其進而以為可得矣然而禮

原評開是解人

原評清暢妙能極從首句

收物有力

孔子曰有命　命也（孟子）　周日藻

忽進不敢夫義之退也得之命不敢夫不得之命也況進賢不如

以下承利不得泊矣

衆評

獨乎招致不如千路官偉引人搢紳喪志恐醫若士盛德不光此

說云當進以義故不言禮也眼箇高

特有退之心無進之志有不得之勢無或得之機而乃主癰疽與

侍人瘠環有是義乎有是命乎乃知孔子有進之禮則必有退之

義故去三月之治而無三年之淹有不俟得之義則必有不可得

之命故絕小人之緣惟行君子之素彼主癰疽侍人之說好事者

之誣何足信哉

理析毫芒詞成廉鍔明辨晳也純粹精也　原評

孔子以禮義自處其曰有命以靖小人要結之心也起講雖以

命言不得轉經禮義未得舉義而不言禮同豨衛當退之時非以義踐禮之錯綜精緻手製貼乎裁縫藏盡鍼線跡隆寓中閫董非湯許也遇如此志和音雅之文那得不羣才韜筆

沈礪士

孔子曰其　之矣　　鄭蒲

伸大義以維王迹、其詞危矣、蓋王迹之所以熄者、惟義熄耳、取之之、責子雖不待辭之而敢晏然任之邪、且幾希之統、聖與聖相承、雖事有不同、而揆於義則一也（的切是師儒繼緒）、顧達而在上、大行其義於天下、措施猶易、若窮而在下、欲明其義於天下、負荷倍難、則憂勤惕厲愈深、而情詞弥迫矣、如春秋之事之文、初於王迹何關、然則孔子將奚取乎、會盟征伐之日蔵、而西京蔵軼、板蕩難迴、將取其抑主定霸之烈（取字渋決）、而訐讓成風、非復人心之正、編年紀月之可稽、而東國遺編、鎬洛何賴、將取其載筆載言之迹、而因赴爰登、難溯先聖之神、蓋其中有義存焉、此

（乙指南一定）

梁陳同頂尋來
虞舜禹湯文武周公遺留以至於今若也今無有取之若而義滅而
明條遙大
迹終熄矣孔子於此欲即取之而不敢欲不取之而不能萬不得巳始奮然自任曰其義則丘竊取之矣三百四十年之中當布可以操大權書字書爵榮華衮也書名書人嚴斧鉞也取之而廓然一新昔
烜抱詩亡
竊字亦於衍出
義且與太史所採若爭烈也以口誅筆伐之微文陰維人心於既墜而逢掖韋甫漫攪赫濯之聲靈撫乘若雖自解耳二千八百國之際匹夫可以假南面顯庸剏制因革自裁焉進退予奪游夏莫贊焉取之而亘古不磨者義且視輶軒上貢為加嚴也憑彰善癉惡之良規而挽人禽於幾混而明意章志忌擬大道之為公負罪王前難辭耳—

一義章然　而此懷弘現精森義斯而精日星

義法夫天〻之於周也眷西而不眷東澗瀍即宅以後視之日益蹙

夢矣逮鉏商獲麟之歲乃知天心必不可復然氣數之天莫挽而義

理之天必不可易在東猶其在西也起而栽之綱常名教依然大明

直初畧以上數章

而後一十二公之天無異於虞夏殷周於昭顯鑠之天義稟於王周

之為王也存名而不存實河陽召狩以來冠馬日益失序矣至荆山

問鼎之年號嘆王室儼如贅旒然一王之曆未改則一王之義常存

存名即以存實也從而定之惇庸命討釐然各正而後十有四世之

王不殊於虞夏殷周建極綏猷之王為天下而取威福不假乎崇國

而去留如綫為萬世而取清議自附於庶人而危微始判此孔子之

以義維王迹也。而幾希之統。賴以不墜矣。夫子志在春秋。因大道不行。故嵩戴此一冊中闡發大義。他經是夫子垂世之教。此書直是夫子治世之政。後來朱子諸經集註。大學中庸章句。皆解釋前經。垂教後學。而本涑水作綱目。則亦朱子持世實地大作用也。春秋是經中之史。綱目亦可謂史中之經。夫子繼前聖而存。朱子亦繼夫子而存。讀書能見其大。則下筆自然超高。看此文是何等識見。何等議論。

孔子曰其義　之矣　王時瑞

聖人、以義維王迹辭婉而意嚴矣、蓋義即存乎事與文之中而非聖人取之則無由以共明也此春秋所以維王迹歟且人心之所以常存亦恃此大義之共明焉耳王者以其義行於上則其迹顯而天下羣奉為固然至不得已而寄諸空言則雖事起於因而義實操之於獨此則聖人之微權而實有不得辭其任者矣彼春秋而僅有其事與文也則功罪何以著賞罰何以定別嫌明微何以截然其不紊惇庸創制何以燦然其修明嗟乎義之不存而事與文將安附又有孔子其孰取而正之義出於天命之公而斷自聖心則以一人之意還

　康熙乙未

萬世之公蓋無微不錄無隱不彰一字之予奪偶未協於天理民彝之極則善無以勸而惡無以懲是非精義之變孰與權衡於不爽也義例發凡即未予以筆之本取孔子所以皇然不敢辭也義本於尊王之大而繫自聖作則一人竊其權即為百王定其法蓋文成數萬其指數千對微之筆削偶未準於大中至正之宜則無以立綱維而垂法紀自非精義之用孰與化裁於不易也此孔子所以凜然無敢諉也一懍然曰其義則丘竊取之矣義不容一日而紙上正乎君父而下關其臣子此不得則匹夫之分以自謝也懍彝倫之攸斁而復憂其責任之艱若曰非敢有所加也義則存乎典冊而丘竊因而裁定之云爾義不容一日而晦誅

遏姦之嚮
奸諛于既往，發潛德之幽光，此不得分所取於人以共裁也。褒名義之日替，而復嫌于自任之專，若曰非敢以自用也，義共禀于一王，而丘竊因而折衷之云爾。蓋不必盡淡其事與文，而即借以明其義，使奕世之臣子，油然而生忠孝之心，惕然而凜亂賊之懼，其思深，其計遠，其功鉅，此春秋之作，所以維王迹於不替也。蓋微孔子，而大義幾絕於天下矣。

義字模糊，便多浮語。中二股乃实過茂先，靡靡矣。後亦請空雅健，卓爾不群。

孔子曰其義

歲覆南昌府學第四名　劉成組

春秋有義因述聖言以明之焉夫春秋非事與文之可盡也有義存焉不可即孔子之言以明之乎且自唐虞以至成周而得聖道之傳者惟我孔子孔子以東魯布衣古今載籍之廣皆自孔子定之而尤專著於春秋故即其平日所言而知春秋一書固非紀月編年之可畢乃事也何也春秋有事有文而春秋之作於當年傳於後世者不在事併不在文使春秋而僅以事與文見一史氏優為之將何以異於晉乘楚檮杌而春秋可不作作亦無足言夫猶是春秋也而王必稱天侯或稱人以及書名書字之異其例侵伐

會盟之殊其詞所謂正綱常之大寒奸雄之膽者以事目之不得以文目之不得蓋有義在也春秋以義傳而義以孔子傳當時是非邪正孔子未嘗親覩而書之於册有太史之執掌故孔子以前亦第以職司藏籍紀其事而藏之以無失官箴耳而孔子曰春秋之事春秋之文史既備悉之矣然以人品之不一而善者不褒惡者不貶僅惟是臚列事迹毫無折衷將物則民彝何以昭垂宇宙而紀載之空文不足以著典章之大故不言春秋則已計及於春秋固儼有善惡之並列以待褒貶之加且以王綱之有常而順者不賞逆者不誅第惟是鋪陳事例泛無區別將亂臣賊子何所懲

剴厥心而沿襲之故事不足以明禮教之微故不知春秋則已能通乎春秋又儼為順逆之並陳以待誅賞之及蓋舍事文無以見義陳迹所在即義之所由生舍義更無以見事文義側既明乃事文之所深賴此吾所竊取而不敢辭者也觀於孔子之言而知王迹之熄侍有春秋而春秋之存恃有其義也君子之道非孔子吾誰與歸

題理極實題位尚虛義字須還着落其字與上兩其字一串又須不脫不粘過於鋪張則三句全矣此唯隆萬小題行遠集中人能盡其妙而文適體貌得之起訖出落俱非凡格

孔子曰知禮　　沈藻

就君言禮有難為不知者焉夫昭公於禮果能知之乎此其際有難言者故夫子亦如其問以荅之而已且君上有令名臣子之所樂道也況當外臣相詢之際乎是以即其所問而率然應之不多置一詞焉夫亦行其心之所安已矣說在陳司敗問昭公知禮一事夫昭公之于禮知不知在司敗必有特見在當時必有公論在天下後世必有定評將奈何此人不之問而問之孔子斯時也為孔子者將無一事以遂其生乎而事有難處將出一言以定其同異而言有難定處則亦以知還知以禮還禮若何不必論其微者就司敗應可歟

魯昭公論昭公若初不必襄其說者亦若之曰知禮而已矣以爲魯
雖微弱猶秉周禮則儀文秩序一聞公宜媚之有秦也況列國之邑
長居宗盟者猶以禮維之豈嗣服于先君而尚有禮數奉修之典晉
自元公風稱制儀則軌物典章之大公宜奉之無失也況先王之制
應備舊章者猶以禮守之豈祇承于乃祖而尚有禮文武闕之疑是
以至晉而卿學贍守禮之譽籍籍在人矣苟非有無歉于禮者何
以先君之澈間爲友邦所習聞也禮儀容度識有然已即居閭而織
爾蘊官明禮之講責責不置矣使非有不愧乎禮者何以激邑之欺
施爲名輸所熟悉也武禮棄德滿不喪已使以試而制贊晉公公克

無辨但辨其辨紛聚訟之不一端禮持稱非禮議者而以為禮乎夫以知
禮者混為公不為分辨但其微其信者不以為知將其疑其許者而
[illegible]
以為知乎若是者皆因聞隨處任生人原無計數之私一而斷者言禮乎
臣道已協守順之義君子謂孔子于是乎知禮

題有孔子曰一語是說者紛紛辨全從以知不得前用斷做中之
口氣來仍以斷叙亦省可謂盡善而講知禮處只在反面上討[illegible]
不分辨所以知禮之寔驗與出處題義精妙處甚法深得精者
于[illegible]

試牘文萃

孔子曰知禮孔子退

廣東裴宗師考 入潮第三名 林騰鸞

以知禮乎君者將欲以一退維禮焉夫謂昭公以知禮言之似難以言蓋然以知禮乎昭公辨之又烏容辨乎一答一退間聖人之所全不既多哉今夫事在朝廷而輕為之論說刻為之推求皆非臣子所宜也况以大典之攸係而語默尤多容或苟者乎惟是事有難言如其言以答（數語為一篇立柱）之而不嫌于循声心所欲全即此身以全之而不過為核實則甚矣聖人之深也如司敗以昭公知禮為問斯事也在司敗必有其特見在後世必有其定評吾意孔子于此必退然謙謂余生也晚不獲躬覲先公（是翻出真孔子口吻）之威儀雖或名令譽至今赫以昭人耳目而御作名傳典物未敢其何所稽以為尚論之端顧乃如其問以應曰知禮則何也以為吾象自元今（盡一段委曲）

以來素秉周禮雖散傳而後子孫失序而典章法物諒不至盡委于

莽而況昭公者習儀度嫻御文甯獲有缺略以濟外庚乎謂之知禮誠

有足據者況以東國之令主見推于異域則遠者必自近達也以興代

之賢君見稱于後世則今者必自昔貽也更何必多贅一詞哉蘭即昭

公以諭昭公即知禮以答知禮而奚邊過訐也已此謂事之難言者如（又雖[illegible]知問而答之）

其言以應之也斯時也在司敗必賴以折衷在禮意必藉以昭明吾意

非子于此必再為言將先君明察豈為後代傳聞之妄雖刻勞嚬蹙（入遂朝退守）

事而外不少槩見而大而交際小而動發何不可舉以為習熟之徵頑（对伏紐不牽纔）

、、、、、、、乃覺引身而退則何也蓋以吾魯自成襄而後鉅典彌廢雖精意獲存

而心知其幾諒難概望于子孫矣夫昭公者稱當時傳後世即或有過

舉寧容臣子論斷乎于此而退大有不得已者況以異邦之臣考舊章（是孔子微意）
于宗國則寵之者必甚深也以祖宗之事至傳聞于今日則忘之者亦
殆半也豈可久與論辨哉將見即知禮可以謝司敗尤愆即昭公容以
解知禮而何弗恬默也已此謂心之所欲全者即一身以全之也故曰
聖人之深也

屹然兩峙題中義意無不備悉可稱作手　原評

人臣不敢顯訟其君故只如問而答引身而退從此立局竟分兩峙
將夫子深情微旨委曲傳出兩峙中運意絕不犯複所以為佳

孔子曰　杖

孔子曰知禮 二節 邵濂

巫馬以微辭論魯君而時官不解焉夫魯君而不知禮也何以娶吳而知諱也則孔子之答司敗徵矣何黨之有昔昭公不能以禮守國家安社稷而至辱於乾侯其大者在千周公之典以婚吳乃當時有知禮之稱識者非之然公非不知禮者也不能守禮者也（妙解）使司敗之問而明指其事曰何故犯禮聖人亦無知之何而第曰知禮否也則聖人亦從而答之曰知禮云耳其辭緩其旨微寧直（叢）（字一筆撒過）曰善則歸君已哉而不虞司敗之議其黨也不虞其舉娶吳之事以斥也夫娶吳之非禮也誰謂公為不知者哉吳出自泰伯而魯

出自文也公知之兩國之百世而不適婚也公又知之已婚而不可告於宗廟示於臣民也公知之宋魯世為甥舅而可借以掩衆人之耳目也公又知之繫援之念重而忍抑其方寸之不安自强之不能而明犯夫國家之大典罪豈在不知哉則雖謂公為知禮可也夫然後知聖人之對司敗者微也不然夫豈無論禮之時而必借宗國之君以建議必逆發問之旨而招君過以明無私豈足以為聖人他日作（以實證虛）春秋而亦因之曰孟子卒此即其答司敗之意

以魯昭為非不知禮張魯叟亦主此說而行文不如茂齋之暢

折○吳長洲

如此翻案○孔子乃巧於譏其故君耶○然黨字可不更辭費○刪省

尾三知字呼應靈緊○亦善取機勢者也○

孔子曰　邵

孔子曰君子　全章　郭元奕

聖人論君子之異於小人者而特嚴敬肆之辨焉夫君子而有一敬之至也而小人乃不知爲其獲罪於天而爲大人聖言所不容也宜哉且人生之德業何常其始於有所畏乎有所畏則神勞勞則逸畏能思則吾心生無所畏則情逸逸則忘善忘善則惡心生此心術之分人品之別而特難爲不知者言也乃吾嘗思君子則有三畏焉其聰明材力之資何若不堪自用而恒惕之以不敢康其慎修思永之至何者非所能爲而常持之以毋不敬一在天命人莫不有所稟之理念天之予我者不可褻也而曰旦曰明之內儼若明威之臨人

莫不有所任之責念我之承天者不可棄也而無聲無臭之中時有陟降之至止於大人奉天命以運量一時者也以畏天命者畏大人蓋不徒欽其位望之崇而實式以儀刑之寧矣至於聖人之言聞乎命以垂教萬世者也以畏天命者畏聖言蓋不徒殫其誦說之勤而實惕以佩服之恍矣此君子所以有三畏也若夫小人豈足以知此哉未嘗無才而才之後者乃任之以長浮於未嘗無氣而氣之驕者乃出之以無忌憚天之予我者不可褻而亦褻也生人之稟受亦何縱為不以為天道之有常而以為我欲之無厭人之承天者不可棄而亦棄也我生之責任究亦何恃不以為人事之不修而以為天

之不至既不畏天命而何以大人與之語位也則以為適時而已位也與之語事業則以為僥倖而成此業也而大人之所以運[illegible]時着視之蔑如矣既不畏天命而何論理乎意有所不循謙理在[illegible]易而亦鄙之以遂其私也意有所附會者肯有各出而所[illegible]之以[illegible]其巧也而聖言之所以垂教萬世者稍之蔑如矣此小人之所以畏[illegible]於君子也為君子則君子為小人則小人之品所至亦安有極而究所從來則在畏與不畏之分有君子之畏則日遠於小人有小人之不畏則日遠於君子心術所至亦安有極而究所自別則在知與不知之際苟思遠小人而進君子亦有惕然而無所畏者與不[illegible]

華　子甫　部

然而無所知者以際之首知致知而聖功之要在矣

精湛之思高於一世悵然不羣

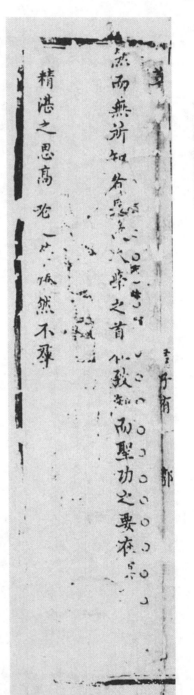

孔子曰殷有三仁焉

鄞縣 周澧

不忍乎殷之不存而其仁鑒存殷之心仁存而殷與存也蓋三仁不乃常存矣原其心而書之曰此殷之有也勤謂殷至今有可也且古今代家國以臣子之心為之存亡而已矣然而存之以持盈蘊亦以心言衰而盡慨俱向有之以履危蒙難之心願結而宗社無竊嘗論者且以鄭[illegible]修炤婦譬于人之云亡而抑知其以至拙之理而出之以至誠之心者其所維繫正復不少耶試觀孔子之論微箕三人者三人何人殷大臣也亦宗卿也殷存而與存亦殷亡則與亡者也三人曰殷不可得而有矣哉所存者自靖之心於是

一去一奴一死非容激烈但有悲涼亦甚艱難而追明者孔子讀
上三守出
書至微子喟然曰殷亡矣所未亡者三人耳即三人亦僅殷亡矣
理屬最上声呆見地
所不亡者三人之仁耳國於天地必有與立急起而立持之潛惟
此天理之極足則生理於無形人心之違必有以行遺變而曲全
之者惟此一心之誠直達衝心於不敵一呼嗟乎父師乘翼諫輔拙
綿而吾身有存祀之理則愛身以愛殷也身存則殷存也王子出
赤川柳子月書子例那議論
迪叔父陳辭而吾身有國存之理則愛道以愛殷也道存則殷存
也庶長切遂奔之懼家他發顛躋之悲而吾君無必不可存之理
東亡經去義流存等參
則愛君以愛殷也君存則殷存也天心無剝而不復復者氣也所

以復者仁之理也想當年清宮弗嗣易遭寵偏之讒若箕比則佝

嫌何疑乎而乃為髡鉗者絕不聞王室譏諷之與就極刑者拼不（疑二人不刪處何換出七字）

蒙前人仰慎之恩亦極蔽貢之酷矣而自獻於先王之心依然在

也求全為舊之版有此碩果之不食是理至而氣為之酣而以名

（數○化○百字○光○明○天○地○）

繁興二十世之長發如新易道無窮而不變之者數也不受變者

仁也理也想當年商鼎就荒莫弗孫臣之骨若微箕則何去何從

乎而乃秉受酬庸克孝服上公之命西鄰訪道陳疇為天子之師

（劃○義○允○深○整○）

亦經革故之慘矣而我罔為亡僕之心依然在也谷貿陵遷之日

忽此頓示之有由是理至而數為無靈而求仁得仁六臣祀之蒙

近科房行書叢小題　論語　下八九

剛　孔子曰毅

負維茲三仁殷有之三仁存則殷存矣夫雖表之不存之以有爲之

弁安邑不存之以能淹之諫鎬京不存之以小弁彼黍之詩曰殷

有存殷也此夫子之志微而顯志而晦者也

愛身愛道愛君盤心仁字貴義千古不移前後四比精深堅摯

如古幹虬枝亭亭獨立而章法之峭愈窈窕亦無以復加　殷會

原

國初蔣公龍光作乃黃鶴樓詩也以後拈此不免以血性譜消

纂就殺刻深此爲獨得　紀曉嵐

第九冊　卷二十七

孔子主我

李枝桂

以主要聖者其自視亦重矣夫彌子何人而足為孔子主乎要之曰主我多見其不知量耳以為孔子意中必有僑望之一事焉而後越境來前也及進觀其所主何又若偶爾周旋絕無意於此都者乎噫悞矣孔子固以挨轄匆匆而昧於所主矣我嘗謂顏氏之必不可主乎特是職雖列於三事而旅進旅退曾無聲勢之可依從列於後明而尸位具官不若近臣之是恃孔子亦知雖由而外更有我在乎夫孝觀者非我耶愛君者非我耶自揣生平之素行或堪擬顏氏之賢良乘君之車者非我耶唉君以桃者非我耶

自謂今日之得君。周遠過彌由之寵幸。致四方之賢人君子誰不於我納交。而我以酬應宴煩。未盡假之顏色。即我國之上卿執政。未嘗棄我如遺。而我以朱門如市。往往擯之門墻。至於孔子遽援友也。辱在同僚。援友即為我友。縱使別無要務。而但謀即次之安。豈容他有所主。且孔子吾子師也。黍為姻婭。子師是即我師。倘以親親之情。而欲為腹心之寄。又將舍我其誰。雖孔子猝焉戾止。未及知我之深。故徒徇執政之虛聲。以致悞於托足。然子久為懿親。豈猶信我未至。何忍聽爾師之失所。而不與之偕來。孔子不我棄。我亦冀損然代為孔子計之勞勞車轍。遇合何時。幸而遇我。是即天假之緣勿因顏氏之攀留坐失事機於當境孔子即親我我亦何爲然即爲子計之僕僕風塵追隨亦僥幸而我不棄爾孔子亦正天作之合苟念行藏之大節寧憚改館之微勞況我也既願作東道之主豈類不速之賓子也即可爲介紹之人豈慮無因而至孔子主我我將糞除敝廬以待矣區區鄉秩與子偕升赫赫衛朝非予誰引子爲孔子言之毋徒淹留於大夫門也

（下句不呼自動）

不作擒拏口氣曲寫諧媚音聲柔情婉轉生態如幽　徐蒋涉

百方邀遮說得入情入理儘足動人不然仲夫子豈肯下心耶惟慧眼人體貼乃爾　張狼餘

孔子主我　二句

兆立張宗師歲入大興縣學三名　林儁

欲引聖人為重者、姑以衛卿要之焉、蓋孔子豈肯主癰子者、乃婿子則甚重孔子也、要以衛卿亦冀其主我耳、想其謂子路曰衛卿可子之僕僕道途也、夫非欲得君行道哉、然越國之因依得所靳畀

新穎妙甚

生之還合可期、得失之際寧智可不倚人力者、惟其然、我殊訝爾夫子之不擇地而蹈也、我今于孔子之所主、而竊有商焉、書社之封未遂、宜知富貴之不容驟以矣、乃跬步徒勞、而淇泉夙駕、諒非

有態有情

徒事皇皇也、寧勿流連而冀卿相之加惠、豁之迺終窮、宜知鳴鐘之無可棲矣、乃遭逢不偶、而殊土頻臨、亦謂不終落落也、易堪

鄭重而商賓主之雅我知爾孔子之惓惓於衛卿也誠欲得而甘
（中八○其○字○指○彌○之）
心矣而惜其不于我乎是念也夫亦思我之于衛因如何者乎奪
之權操于上而我効同天之力可使令者而子之特恐未經握手
則旣勤之雅意鮮通而遽欲由為援引盡悉其抱負于明廷亦宜
（近○之○不○過○遠○之○不○隣）
欲悉之而有所不能也窮通之數憑乎已而我施旋轉之術可使
窮者而通之特恐無緣覿面則往來之交際尚疎而遽欲急為揚
許倫稱其經濟于君側亦自覺稱之而有所不必也則意者孔乎
（何○其○親○切○可○以）
而主我乎最可惜者形迹相牽動引樹黨為嫌以蹇豪傑奮興之
路而我不願為此也夫誠晉接于崇朝卒無維顧禁于一旦辭卿

雖赫奕也哉真操券以相餉耳尤可惡者功名自愛類多固寵為懷以阻廊廟登庸之籍而我不肯出此也夫誠論交在此日必不（朱評 自古身分）令淹蹇在故人衛卿在掌握也哉我將持贈以相報耳假令孔子而果主我則舉他人所不易得者而一旦得之吾為孔子幸矣藉手以布其謀猷行自悔介然自持浼為是風塵之馳逐設令孔子而終不主我則舉當前所可得者而一旦舍之吾亦無如孔子（從容 其失矣）何矣交臂而昧其機宜毋寧赤子與寓小舍長為是遺在之沉淪吾為孔子發籌之一轉移間衛卿可行彌瑕能得之衛君不識子能（朱評 去路）得之孔子否也（悠然）

考卷醇雅初集　下孟

摧得我字妄自尊大看衛卿十分拿穩筆端自爾爽快　金德瑛

有籠絡意有掐徐意并有鋭指意若真為行道者進一策故足

令子路動聽不然惡言不入久矣豈肯舉以告孔子耶　朱規辰

虛中布境淡中設色而深情畢露蓋其無端着想言之不覺肺

腑盡吐惓惓無已若可動人　揚懸千

孔子主　林

孔子主我　　高景光

倖臣欲援聖、亦昧聖人擇主之意矣。夫曾是孔子而主彌子耶。而彼則以為宜主者固莫我若也，因即子路以援之，曰以一介而遊人國，其於棲止之地，固宜審所趨尚矣。況羈臣心事，非徒覽勝于（遞取下意于此業光）名臣而久歷世途，固應老成之解事，誠于彼此相形之際而曲諒（法絶佳）即次之安，則可宗之用有在，奈何捨舊而圖新也。日者孔子至衛，而乃主顏讐由哉。車殆馬煩，棲棲者屢告僕夫之瘁，則叩閽請謁，宜先揣夆名赫奕，孰為平居耳熟之人；且歲月逝忽，忽忽者漸貽老大之傷，則杖策來遊，尤當審問第輝煌爵秩，此地百僚之望

高自楷文　　孟子

高自栭丈
夫亦知有我在邛葯國之士民于我竊色咲之儁列邦之大夫于
鵠蓋成含想○亦當○亡○有○此○氣○象
我爭縞紵之投則我之為我可知矣去此小邦素心未托而謀面
相覿豈不念情洽應求于我敘一室琴尊之樂豈當宁有數施可否
先萩於我乎盈廷多縞納軒車群集於我門則我之為我何如者
存乎離傳聞早悉而瞻矚所存當愈思自高聲價于我結半生
肺腑之知彼孔子兮衆為不主我也淇泉綠竹之鄉時来英儁我
徵○度○貢○進○搭○得○妙
亦恒切緇衣之好故惠然肯顧者往往意勤拳而莫釋而東衛南
金遂樂居於吾室今孔子不誠堪訂新交哉鼓琴樂燕嘉賓於轅
清殷賢主有美必合斯亦一時盛事也南北東西之客動語乘時
孟子

我亦時鄙虛聲之盜故踵門来見者往往見鑿枘而不親而庸流
迂士無因至于我前若孔子豈其非我族類哉罔或差池於臭味
共申繾綣於晨昏無迹可拘抑亦千古美談已况我與子屬在姻
婭則引傳經之几杖親設薦之筐篚介紹良甚便也夫以我朝事
彀繫講學其来邈矣而特轉為旅人之計則較之冷署閒曹正有
蓬户朱門之別而何不早商之且孔子與子誼關授受則故七久
以為西階之又異地更與圖東道之主師弟益相得也夫孔子羈
旅行踪仟仟區自由耳苟代與定切已之謀亦何幸秉權秉軸非
復于西晏晏之寄而曷不熟圖之不于我乎周旋我無所辱即于

高自標之

我乎信宿淺亦何榮我則猶是我也然而花南非若譬由之主矣

誠孔子而弗舊過我將昔日東家丘只總魯國之儒今茲彌氏賓（句躍抵）

已集此都之而冠蓋雍容豈徒慰窮途之落寞過我門而不入

人或致憐於孔子登我堂而哉咲人又戚交忌夫孔子孔子或不

自知也然而孔子非[illegible]主譬由之孔子矣誠孔子而食處我借將

前向譬由而棲止幾疑故迹夫恒情今并不趨伯王而居停寄第

取資於寡過而聲華聯起于以卜此日之風雲倘孔子而欲與聞

衛政也敢布腹心勿辭跋舘吾子其圖之吾其掃席以待（古致）

繪聲繪情想道子寫生遜此筆妙　韓開雲先生

孔子主我

江蘇劉宗師歲入
崑山縣學二名　劉象春

欲聖人之主我以伸為招也夫以猶子之伸何能動孔子乃欲以
主我為招也想其謂子路若曰子之師孔子善於擇人者也則舜
至我國必合一國之諸大夫而審擇之將謂傳車而假館若舊識
朱孫問也樂
人主歡顏而寵信之人耶胡然有我在而若或忘之也今大哉之
仕于衛也四國則既聞之矣愛君而君知我之忠事親而為諒我
朱所神汝生
之并我豈敢自多抑出而與天下之相結納或者其有以許我也
然則來自他邦而求所主宜莫若求已我不告列邦有位俊賢豪
而吐握之弗欲我不為微邑同官貌周旋而緩急之難頼而令乃

以孔子而播所主想其去魯而適他方乎欲于天運厄窮之會復返于亭衛夫朝右有人士類鼓舞於衛而獨不然乃至今獨

以情帶敘局

勞道路知向之蹤稱莫逆者亦為空山一即其驅馳而奔異域亦欲於人事艱難之秋迫求其有濟夫左右名容國君厭見距在衛而獨無慰乃迄今尚悵悵無從覺昔之跋涉三至者殊無謂也噫我也而不為孔子之所主哉孔子也而下於我乎主哉且孔子於我趋舍殊執非有往來之迹通衷款曲乃得子以為之介當不恩只只

朱評縱宕多姿

而千里也彼高才多感感之窮世無攀援蹇困者歟惋欲絕矣脫非主我而半生虛擲欲持是安歸乎所我于孔子神交素若時有

飢溺之懷，發於瘝瘝，況借子以作之合，何至須餒而遇疎也。彼盛位無赫赫之光，多方怡致，懷疑者褰裳避去矣。脫若主我，而二人（深為籌度）同心，請自今日始乎。吁！媢竈而謝王孫，關外用武之地，雖嘶殺殺，答礼而謁小君，惟中冓年之日，正藉游揚。竊以孔子擇上，舍我我慊也。

句句為孔子打算，句句為自己賣弄。入神之筆，古藻更不待言。

朱覲宸

題字自淡，對下衛卿可得，則忧忡衷注意，熱腸只在題上盤旋。寔章一發而全身俱動，其精神已盡寓于四字中，深寧從容。

出神歟〻外余。劉香山批　王鵠書。皆崑山名士。請其博我

以文。錯作畫美盡善。深服已〻。亦不。新考卷中得斯作。倍加暢

快。但文宗同姓有前後。未知於何時見知。楊遐千

孔子主　劉

孔子退揖巫　進之　　李叔元

觀人之退時，官將有後言焉。夫聖人以知禮諱君，司敗之所竊議也。不然，何進巫馬期於孔子既退之後哉？昔者司敗問昭公，而孔子以知禮答之，以彰其美也，亦以明分也。一言而君父之美彰，則可以退矣；一言而臣子之分盡，則可以退矣。（此二疊起下句）是孔子之進而與司敗（先伏進字）相問答者，固所以尊君；其退而不復與司敗相論辨者，亦所以全君也。使司敗而未諒夫子之心，則退而思之可矣；不然，或進而請之可矣。何為乎揖巫馬期而進之哉？（將下截補入上三字中）意者以夫子稱昭公而不足於昭公乎？不足於昭公，而值夫子之退也，則不得於夫子辨之矣。

意者以貽公見稱於夫子而不足於夫子乎不足於夫子而值夫子之退也又將於巫馬期辨之矣其始也既欲於臣之前議其君其終也又欲於弟之前議其師一在夫子之於司敗也既一辭而退而隱君之失於不言之中在司敗之於巫馬期也又將一揖而進而顯夫子之失於既退之後一孰知司敗之所汲汲欲進巫馬期而與之言者孔子已先知之而有不恤也豈惟不恤又將有所不辭也此正其所以退之微意而司敗何足以知之

又頂前二句來

波轉全看意語簡而勢極跌宕

輕逸駿快天馬行空○只就題面翻弄已括盡通章意旨　繆大貲

總以上三字作主意高而句緊

孔子進以　有命　　六名　王　慈

以禮義自持者、聖人安命之學也、夫進退者得不得所由關也、然禮義可以自必而命不可以自為、孔子蓋觀其深矣、（反照全題字清出）且世之希榮慕寵者大抵抉于進之術而忘恬退之意以求得之也而深患失之慮者也不知行藏必之自我而窮通聽之在天自非舊大聖人以為折衷亦烏知在我者之不可失而在天者之不可強也吾用是穆然于孔子之辭衛卿也不嘗曰有命乎然其安命也（一語重千鈞）必有所以立命者也七十二君之庭轍迹幾遍失豈無心于仕進（不可搖動）者哉乃行可不足以淹其駕公養不足以縻其心亦曰禮在則然耳盖礼主于遜有謙讓而無躁妄孔子之進也以之一車兩馬之間席不暇煖矣豈甘處于隱退者哉乃三月之司寇可謝七百之書社可辭亦曰義在則然耳盖義主于斷有勇决而無游移孔子之退也以之一天進則得退則不得孔子之秉礼度義幾著工于謀

脫卸自然不另起妙壯

理而拙于謀世然進不必果得退不必不得孔子之難進易退寔以有定之理而權無定之數盖觀于得不得之有命而益信礼義

論斷令占言矣慨然

之所關者大也命值其通華野猶來幣聘之加渭濱亦協夢卜之裁從容詳審自有為之作合者孔子亦聽之已耳而何所容心焉命值其窮上不足以致人主之知下不足以激同官之譽飄然遠

引誠有不待再計者孔子亦任之已耳而何所縈心焉是知礼義
○上○下○鑄○成○一○片○
原于天性達天者知命故利祿之見不足以人淡定一懷礼義根
于性性盡性者至命故爵秩之榮不足以移特立之操此孔子所
以為礼義之宗而主進退之準也

礼義正所以立命安命必在于守礼秉義如此說來方不至為
兩極為法極為自然而詞意尤為健勁遒鍊鎔鑄至此真可于
國門外懸金易字

孔子進以禮　有命

乾隆丙辰山東　王兆弘
七名

聖人為禮義之宗、、自可相安于命矣、、蓋命者禮義之防而禮義者、、命之準也進退不苟得失何計哉、、此則孔子也、、已嘗思有命自天、、氣數為之也而尤有理焉以宰乎氣品而節之斯為禮行而宜之

識力已高嚮題前

斯為義禮也義也命也固一以貫之者也而氣不能以預必理則了以自盡故惟無間于理之當然者乃以相安于氣之適然焉爾

孔子之以命謝彌子也寧徒諉諸命哉凡人不知有命者往々僥

氣勢嶙峋筆亦閒鍊

倖于功名之途而聞之諭也孰立正位經之由也疇行大道衛命而思與天爭勝勢將有蔑棄禮義以不顧者而得失營攘固非仕

止無心之妙然人祇知有命者又作〻因任于出處之際而形骸（丙略夾叙分能於出處分際）可放也不必中矩而中規是非可忘也詎克是經而是程受命而不修人事亦將有弁髦禮義而弗恤者而進退游移終非行藏有（堅卓）主之學若孔子則何如哉孔子非必勉〻以崇禮而盛德之至周旋皆中則進與無所以進乎禮主其減進非壯往禮嘉其會進非（語〻精粹古秀）（簡貴）徑情本恭敬辭遜之心而三讓乃進和而節亦謙而亨也而何嘗必期于得之也孔子非必殺〻以辨義而性安之聖順正而行則退與無所以退乎義羞惡退乃知恥義生浩氣退乃至剛本精（看落俱符準而出）明剛制之斷而一揮即退察其幾斯致其決也而何嘗低徊于不

得也一則亦曰有命焉耳從來禮與義不襍乎時命之説故雖命之

將禮義與命分看

大合有指揮如意之樂

將窮而彿肸可召公山可往進不忘東周之志殆將自我造命也

雖命若將通而問陳而辭職亡而拜退自守待賈之心又使命由

宕宕大放宕有力如虎

我立也大聖人履禮蹈義而亨以通之利以遂之低以進退各得

者範圍一身而不過則命固不足道矣盖命與禮義有分者之道

將禮義與命合

孔子故以禮義定命之準而修身可俟一從來禮與義不離乎時命

自 語炎透宗

之中故夫禮所當進即為吾道將行之命而際可而仕公養而留

不為已甚之舉也義所當退即為吾道將癈之命而接淅而行戴

冕而去不俟終日之久也大聖人修盡禮義而下應乎人上順乎

大開

四科鄉會墨粹 義命

天早以得失而忘者吞若四時而不違則命亦潛爲通矣蓋命與

合一說得精深透闢

禮義有合同之化孔子故以命制禮義之防而得主有常此而猶

誤于所主乎

將禮義與命分合推勘聖人身分和盤托出其議論英偉筆力

雄快不減蘊生先生鮑藩宣

從命字貫通禮義從禮義看出命字上下融洽渾成方是聖人

金剛本領與世俗委心任運不同其筆陣雄放詞意堅湛固其

絕大神力乃能精光迸露 秦李封

孔子進 王

孔子進以　有命　黃宗崇

申論聖人之進退即安命而益信禮義矣夫禮義所在即不言命可也

孔子之進退如此猶有疑乎得失之際乎且自聖人之道不明而希世苟合者往往誣聖而自便其私是未嘗取聖人出處之大節而觀其所自信也傾其所挾持者原在乎功名之外而其所順受者尤不在人情之中則欲定聖人之出處者何不即其言而進觀其大節之所存如子路以得卿之言告而孔子以有命諭之也豈孔子於得失之際漫無以自持而傾決之于命以為進退哉不知聞理而不聞數者至人之素履則不命而其生平之節操可知也吾安得不究其生平而進論夫孔子而亡槩天者至人之安遇則不必不言命而其制行之端

周宗師科歲即墨一名　李溪

書坐

分又　吾乃治不推其制行而據來矣孔子孔子道廢為懷豈樂

避心　示言有進也而要不欲輕身以為進也夫攖情好爵有但期

子進而不必問其何以進者矣乃孔子則既度其身又度其君辭讓之

有節何其進之不苟也蓋以禮有如此者所如不合亦書感懷于莫寓

言有退也而要非不斷然以為退也夫營心名位有不樂于𨻶而（頁）

其何以退者矣乃孔子則不為苟留不為矯廉志節之維嚴何其退之

立決也蓋以義有如此者夫以禮以義如此豈非進退之所賴以正而

得失之所不必較者乎若然而得之不得固不待決于命而始信也何

也命固聖人之所自立也若然而得之不得固不得不聽諸命而相安

也何也命又衆人之所易明也其為得之乎是可進也夫進必以禮是

得乎禮者即爲得得乎命在孔子固無冀乎禮外之得矣而况乎其得之者又寔有不能自主之權乎其爲不得乎是可退也夫退必以義是不得乎義者即爲不得乎命在孔子固無憂乎義外之不得矣而况乎其不得者又自有非我所知之數乎蓋深思其有命之言而益信孔子之難進易退者其大節固已見乎出處矣所守者正斷無賊道傷人之事隨遇而安寧有失身狗世之說則即其生平之大而一日可知矣究其制行之全而一節可信矣苟如人言之所主其謂義命何

聖人出處無非天理安命本不足道上文有命二字只是對彌子之詞才特補出禮義而醫此文前從命說入禮義從禮義說到命宜至就平日以槩一節尤能隱動下文　仇滄柱

太嶽

下

禮　故子路進○言○義主勇決○故覩○易○退○言○得不得○分○須○進○退禮

義　分命○蓋得之有命○非我所能為○聖○人○豈○忽○禮○而○輕○于○進○不得

有命○非我所能免○聖○人○豈○背○義○而○緩○于○退○全篇節次○分得清○个得緊○

的屬名手○經進長

孔子進　黃宗棠

章談書屋

孔子進以 有命

畢忠吉

聖人有自爲進退者人不待司其權矣甚矣孔子以禮義自主者豈人得而進退之哉說命定主之即不待審何病且乖人無順觀古今之識者不可以論矣人不深察理數之原者尤不可以定至聖致至聖者一時諸必然之理一聽諸氣然之數苟不審夫至聖之所以自持者何在

進難之有吉力

哉何而不自服人之聽榮辱于人世也誣亦甚矣嗟乎大聖處世豈世之人所得而榮之所得而辱之也哉人即能榮人而不能禁以礼自進

行自正非浪辱常也須道

之人ゝ即能辱人而不能辱以義自退之人翹頸晦聽諸天出處憑之命待而必之安得而辱之也哉人必自重其身而後足以取重于者至其身者也時而鳳之鳴欤鴻之漸欤在田者見于天

欲○……孔人得而進孔子也孔子進也非能一禮以為進亦非執一進
（目前也……然道）
以其進也則以禮也人欲身為世重必先有以自重孔子者天
以身為世重者也時而爵可祿欲職可謝欲在朝者避于野欲退也非
（翻剔格目）
人得而退孔子也孔子退也非持一義以為退亦非持一退以赴義其
（点染的是老筆）
退也則以義也惟以禮則時可進而勢又不得進者可奈何時可進而
即進者禮之所以行其常時可進而勢不得進者亦禮之所以達其權
（居吸翁事有味）
是進勢得自主而又若不得自主者此何故欲惟以義則時可退而勢
又雖急于退者可奈何時可退而即退者義之所以守其正時可退而
勢又雖急于退者義之所以通其變是退若得自操而又若不得自操
（曰字出得有神會）
者抑何故欲然孔子已于進退之際深察夫天意之主持曰出處之際

有命焉不可倖而致也是得與不得孔子直不得以自必也而謂人得
而進退之也有是理歟況世莫無德業聞望不能成名於一朝才然適
方而竟褰躍于一時者是天顛倒豪傑並豪傑然雖以得不得自信者
矣命實為之謂之何哉要之孔子不以進鬬之世也惟知有禮而已不
以退聽之人也惟知以義而已

進乃退義㑹混自家紀綱不聽榮辱於斷世者何又說箇有命蓋禮
義我可以自主而命則非我可得而自主者上下反復總是一意滿
中一氣清折有韓之潮有蘇之辯而竄淡一文栽在胸中化來的是大
ミ 丁庶來

戊　獨斷　下孟　孔子進　畢

孔子進以禮退以義

陳徵論

斷聖人之進退可以知所主之不茍矣夫孔子之不主彌子孔子之退以義也乃取進退而並斷之筆尚擬其所主乎今以天下之至人而人猶輕議其所主亦嘗取至人之已事而進斷之乎盖觀至人於

一句揄住本題

此四句不指当日所主説

一日不若觀至人於生平也觀至人於一節不若觀至人於大槩也

眼光尚射以纂　拍合章旨

惟有所尚信焉更爲之合而考焉則至人之操持可因一事思之而

重呼孔子二字得要

愈出吾因有命之語而更進思夫孔子夫孔子不有所以爲孔子者

沒孔子復況來進退二字有着落

亂孔子進之日少而退之日多使如子路之告不幾有進而無退乎

則亡　者不必言其進也言其退而已然僅言退不足以見孔子

出進退　側重退字有眼

也則　八取其退而並決之　孔子進之時難而退之時易使如

下孟

宗師　識廣州　名

宗師　歲廣州名

子路不能知進而不知退則言孔子者不必易言退也言其

進以……而已然僅言進退不足以定孔子也則何得不求其所以

進退而共斷之孔子進何如而退何如乎殆以禮以義乎禮之範人

也以從容而義之繩人也以果決以孔子而措躬其間敢不以此為

範圍乎當可仕可止之際惟有不欲輕進之心故切鄭重遲迴之慮

有不欲雖退之念故失奮決勇往之懷夫以生平而無敢隕越其範

圍又安有一事之隕越其範圍者歟禮之持身也恒至正而義之守

已也以端方以孔子而率履其中敢不以此為矩矱乎當時行時藏

之日未嘗不以進為先固而常存慎重不苟之志未嘗不以退為憂

懷而常深名節莫屈之心夫以終身而無敢踰越其矩矱又安有一

日之踰越其矩蔑者歟非無偶然之遇足以紛孔子之禮義者然無紛我者而禮義自存即有紛我者而禮義亦固不存也審幾觀理前此之自守既優則凡歆乎以進不樂乎以退者亦何自而動其天懷之恬定也哉非無艱阻之來足以擾孔子之禮義者然無擾我者而禮義不失即有擾我者而禮義亦無或失也屢勞觀時風昔之自持既裕則凡困于以進且困于以退者亦何自而撓其中藏之凝固也哉卓然肝主之非吾且進退孔子之言矣

說上有命一語是孔子退以義而題則並言進退是由退而及進而及禮故退與義爲主今適而本乎正洵乎平叙中仍還側八入皆文則一筆不〻前以上文引入提清由退及進之卞

[illegible]下[illegible]

[illegible]宗師科歲考一名

二平辨明所主之一節以則一題上繫于一始下宋桓司馬、

[illegible]之肤餘義洵題中不遺題外不溢何紀律之嚴密乎

孔子進　陳

孔子進以禮退以義

蔡寅斗

惟聖為禮義之宗、于其進退可觀也、夫禮義無二理也、自孔子出、而進退有分屬焉、尚得疑其易進而難退歟、嘗謂聖達權賢守節、

（從禮義說）（的○其○聖○人○分○）

秉禮度義、賢人之事、而不可以測聖人也、不知權以神乎節、之用而節自著于權之中、聖人出處之大閑、固有截然不紊者、一如彌子

（上○串○）（收○着○進○退○）

之諷、孔子以衛卿可得、是隱示以進之之機也、而孔子之辭之曰有

（承上點進、退自操）（喝起以禮以義）

命、是嚴絕以退之意也、夫孔子豈其無所挾持而為是委心以任

（禮○字○探○原○）

運也哉、自夫人有辭讓之心、而聖人履此之謂禮、中規中矩所以

（義○字○探○原○）

範天下于大中之域也、自夫人有羞惡之心、而聖人宜之之謂義、

無偏無陂所以率天下于至正之途也夫然則禮義亦何所分乎進退矣獨是均之禮也或秉之為維容之度或飾之為瞻徇之文而天下之難退者以之均之義也或守之為介石之操或襲之為乘機之智而天下之易進者以之以觀孔子有不然者當其進也世之望顏色以希光寵者多矣乃久之而卒落落難合也豈其非人情不可近哉曰禮在則然蓋寧使相見恨晚而必以揖讓之容見守貞之素所謂利見大人亨聚以正者也及其退也世之市美言以為虛拘者亦多矣乃未幾而已倜倜然遠也豈其不欲久居此都哉曰義在則然蓋寧使相遇終疏而必以端方之槩協制事

之宜所謂君子見幾不俟終日者也惟其以禮故進也而退即因之作合旋離終身少三年之淹駕冕不待脱淅不及炊而潔身高蹈仍本于不輕干進之心惟其以義故退也而進益不苟欲前仍却畢生多四國之栖皇寶亦可懷價亦可待而抱道自安早决其有心終引退之勢蓋禮義固人心之共有出之孔子而進退各得其權衡聖人乃大道之折衷時乎進退而禮義適如其定分吾方謂聖人之難進易退一似矯厲名節者之所為而又何有于得不得之攖其心也

此與下句指聖人平日所行所言以見不輕進之意禮義本乎

注　令着不主離遁之意　是聖人　身分　應紀治清去路

孔子進

考卷文衡　孟子　蔡

到融貫前後文脈平中定須帶側筆剛法老適異凡庸　曹心一

而以字具有把握禮義中卻藏化神為至聖寫生故須超群拔

萃一切難進易退庸詞不識消歸何處　曹揩珊

孔子進以　有命

黎敦簡

觀聖人之進退以自定者定于命焉蓋孔子惟禮義之自為進退耳
得不得之故可以吾意斷之亦可以孔子之言斷之今尚論者于古
人行事往〃以世俗之見斷之苟有雖傍之見者則知其去就顯晦
之間風教固殊焉蓋去就顯晦未有不自定者也而何世俗之論能
為損益哉我思孔子辭卿彌子引命以斷豈得之不遂而以說秘自
戴乎誠以蓋彼嬖人令知顯登而為國寵光者不在彼而在此也夫
孔子當日以禮義玄天下之防秋官命矣端儈禱矣書祉乎或濆也
女蹈行也是蓋有進有退有得有不得焉而孔子不以命自置
天下仁命孔子其所趙舍皆毅然與世殊異然有疑焉礼義

時以也命下以防歎也言禮義者不可言命言命者或不可置
禮義人一制乎命來制乎禮義則是命之親國其便于天下之
妙論妙許不知從何處得來
為紀者也然禮義可語君子命可以服小人何也進不期損退乃獲
益叅棄之未裕何可以嘗世進或違己退或悖衆風修之何期遂恐
于苟且而孰乎豈然哉其言有命也我知其不謂命也夫有進退也
我知其進退也非猶夫人之進退也其進也蓋以禮其退也益以義
迴非淺識
也夫三讓而進人猶疑之辭而退人猶忌之量而後入見美猶慕
載賢以行願望猶生是進退之來可定而得不待之于人未能漢然
也人亦有濟乎得失者其濟也不如其忌也躬世之然舉或多為懼
或多功此中皆有莫為而為之數人亦有制乎得失者其制也不如

其任也閎物多變成亦可毀變亦可憎此際豈無風後自銘之埋觀（古色斑駁）

夫孔子之進退其于得之不得若無與于己者而何衛卿可得之絲

動也哉則其曰有命固孔子所以自防而亦以防人者也後之稽古

昔率先民者書缺有間矣至其揚素士之淵修而鳴天懷之高引者（餘音嫋嫋）

則無滋他說也

大總裁評

眝矚之觀獨超衆斷

熊敫菴先生原評

有得之言湊湊自古如箴如銘[illegible]可

心問[illegible]也

孔子進以禮　有命

福建東學院科考仙遊一名謝一桂

聖人自待以正可以安命矣夫以禮義為進退正道也得不得安之命聖人何容心哉。且繩尺之間發則躬修之道乘氣數之說勝則僥倖之心起聖人于此盡其所可知若以聽其所不可知者而已如孔子不慕衛卿而曰有命吾由孔子之言而思孔子之生平矣夫進退者士人之大節禮義者吾子之大防而得失者又生人之大命聖人窮神達化似無拘乎出處之常然使幾微關謹不免為名數之羞聖人審時觀變豈全談之冥漠之數第思慾起貪忘亦足干造化之忌孔子其何以處此有時而進焉其進也孔子非矢之躁有時而退焉

○提○筆○老○當○

小停頓題神究爾

其退也孔子非失之需競競焉以禮以義之不苟也此則孔子之有心以律已也進則得而孔子于得也無所加進則不得而孔子于不得也無所損悠悠焉悉付之命而不爭也此則孔子之無心以觀化也然則進乎退乎其能改孔子素位之行乎得乎失乎孔子何入而

禮義云分前

非樂夫之致乎常人易進而難退豈真有得而無失當其遭時不偶

鑿開此二比合其可謂神明乎矣

依然窮[redacted]以終身徒使禮義之閑自我而壞而得喪兩無所據也迫

筆意能曲

至廉恥道喪空悔自裁之不早亦已晚矣聖人雖進而易退寧計為得與為失當其得路道亨猶然淡泊之故吾且使禮義之防自我而立而窮達皆可無與也況乎身名俱泰視世人之所得不較多乎于

遊遨見介而之守乎禮義與水淵之思乎將不得見浮雲之視莊也

而不求行法以俟命孔子之生平如此乎衞卿乎何有

起手振裘挈領末幅層層逸畧手冐應不在萬乘諸名家下

孔子進　謝

孔子進以禮

于學院歲試永春州一等一名　顏壔

原聖人之進無苟進也夫進而必以禮則無苟進矣孔子之進有如是故孟子為萬章言之曰今居聖人之後而妄以汙辱之事嘗議聖人夫豈不謂聖人者必急于仕進即托迹之途稍有不端亦所不計不知聖人有最急之心而仍有不急之行彼轉相訾議者亦未嘗即聖人之行事一按而思之也則試由有命之言而念孔子孔子志切大道之行其求進也豈不甚迫然而汲汲其亮者落落其蹤迫於進仍緩於進焉則其操持有峻焉者也孔子念存斯世之亟其望進也豈不惟殷殷而以由廊來者仍以泉石往

於進終踈於進焉則其持守有不爲者也蓋孔子之進無苟進也
必以礼也周流者七十有二國何日不設千秋之遭逢以相與六
知堯舜之勲可望也而儀衍之行正不可為設孔子而稍屈其節
正之規以隨世而從俗亦何難立談而取卿相者而孔子固不敢
出也其以礼也必也歷聘者七十有餘年曷嘗不托一日之知遇
以相邀不知君民之思至切也而一己之範亦自至嚴設孔子而
少貶其道德之閑以希遇而苟合亦將有抵掌而握符綬者而孔子
固不肯為也其以礼也必也蓋礼以辞為主惟以礼為周旋故楚
壁秦関在後世常有援得之途而孔子独守其迂而依々列国之

邪未嘗一日去者亦嘗一日合而涉世大原不於此可見一班哉鄉礼以遜為归惟以礼為主持故可仕可久在当世或有奇遇之緣而孔子独安於拙而皇皇車轍之間几几乎見用者又往往不用而生平氣節不於此可想其槩哉嗟乎論古貴有識而衡人必求其素彼世以汙辱之事訾議孔子者亦謂孔子急於仕進故不擇所主如是鄉知煖席不暇時與有為於用我而執中為事未闒苟合以得君孔子之進其以礼也固如此哉

孔子

顔

孔子登東山　節　王步青

大賢懸想聖道之大，于觀聖者而益見其大焉。夫以登山觀孔子，則其小魯小天下有由矣。故觀聖者亦猶觀海焉，而聖道之大何如乎。孟子曰：有是哉，人之度量相越也。在我初無絕物之懷，而睥睨非常，豈後攖情于衆有。在人非無步入之見，而改觀俄頃，群術者于一尊。蓋齊天下共觀共聞之故，往往而然矣。我嘗以是想孔子矣。夫孔子聖人，此聖人在魯，則宜其小魯，然豈云小魯而孔子不安。何也？孔子非欲小魯也，登東山而魯乃不得不小也。使魯者於登東山之所以小魯者，而孔子真一國之望矣。聖人在天下

（虛○渾○含○妙）

則宜其小天下。然漫云小天下。而孔子不居何也。孔子非欲小天下也。登太山而天下乃不得不小也。使天下有知登泰山之所以小天下者。而孔子果天下之宗矣。一覽可見高卑異形。小大殊量。境所獨慣。即過心體物。非獨奇蹤千怪。區目所未經。雖巍下闚高何自傾意其教我。故夫孔子誠聖人也。嘗是之時。從遊而舉覽漫哉。今夫滄溟。川歸之不知何時止。而不藏尾閭泄之。不知何時已而不虛哉。洋洋乎。向惟未覩乎是。而淵溟沼沚。皆待以求見也。乃今而適然驚爲新異矣。今夫聖人之門。定之以中正仁義而甲數其耿姱。飾之以文物聲明。而緒言莫不悅癸哉。懸之乎向惟未抵于淺而諸子百家皆得以言爭鳴也乃今而規之然失矣雖爲言矣夫以聖人之在天下至使遊其門者猶得與聞聖教折服群言則夫聖人之道之大又當何如信乎小魯小天下非臆約束最清明上復倚然自遠說也非寓言也千古有傳人不患無傳道吾師乎吾師乎孔子至今可作也高山流水惝恍遇之矣

掀取兩而守即下截故宜呼吸可通此真獨照之匠其文則老杜所謂清高氣深穩者近之矣張銅仁先生

須識得爭上流方是言聖人之道大時手無將故字曳轉說何快心也結体渾成亦復有秀有隱故是山水清音萬松齡識

潛階稿　孔子

孔子登東山　一節　　包爾庚

極觀聖人之大，斯以為群言之宗矣。夫孔子之所為大者，不可得而盡極而觀之，而聖人之門，何言之易也。且夫人度量相越，豈不遠哉。拘墟之見，不可以達廣；逐流之識，不可以測大。是故尚論聖人者，必有所舉似焉，以通其義類，而因有所折衷焉，以誌其淵源。

簡潔

蓋生民以來，莫若孔子矣。世之言孔子者，或以跂望之餘，偏求其所躋，而未觀其全也。由夫聖人之所以自處者而推之，則可以觀聖人矣。

籠上二句

下

以流餘之緒，僅測其所分，而不得其宗也。由夫吾人之所以自處者而推之，則亦可以觀聖人矣。蓋所際之域，殊未可囿

縮

明人考卷撮萃集　南直倪宗師考取上海卷　孟子

也。凡其絕類而先陟者。圖常出于瞻望之外。抑其已造之位。殊未可幾也。凡其更進而俯瞰者。尤自崇于仰止之間。登東山而小魯○出○題○滑○解○全○矣。登太山而小天下矣。○蓋○不出緒○凡言登者。塗經乎其趨而勢成于必至。其克底之弘遠者。固有次第也。而當夫邁循之已隆。反覺其為易。凡言小者。地絕于相鄰。而形窮于互見。其自遷于卑邇者。固有本末也。而原夫較量之所及。祇覺其為難。○就○上○二○句○別○出○難○字○以○下○如○萬○泉○注○壑○是故天下之大水亦有之。彼其以都而以宗者。百川殊學。未有得至于海者也。而不觀則不知聖人之門海則似之。彼其支分而緒析者。群言各出。未有或至于○累○許一綫相引○聖者也。而不遊其門則亦不知至于覲其宮墻矣。大賢小賢僅能以一得之長相承其緒論夫且覩其著述矣崇議閎指安溥與不朽之業共贊其一詞（連縮俱極自然）然後知鄉國之規大雅不道其衆著于景仰者遂已成千百世之刑即咫尺之流至人不擇而共見于揚扢者固已非一先生之學矣學孔子者其無歉于大觀也

風調斷續之間幾至古人不經意處　倪三藍學使評

雨香雲淡讀先生文使人躁心俱釋　王雨蘊

不用過文故字直下烟江叠嶂咫尺有萬里之勢　李芷林

秀逸之姿運以樸老之調安章宅句妙極天然丁丑而後無此種風範矣　經黍谷

孔子登東　一節　　三名　朱鑑

大賢歎想聖人之高而因以觀其大也夫惟所處之高則視下小矣彼遊聖門者亦嘗有見于其大乎且天下有聖人焉有學聖者焉聖人者有其至之非徒見之云爾也而學聖者將欲至其所見此亦其所至焉流俗之固人甚矣不盡有以奪之其干趨遡之境茫乎敎有瞻也當今之世亦嘗有遊聖人之門者乎夫聖人則識莫大于孔子矣亦莫高于孔子矣東魯之國生一聖豈無賢者而不若虛無人焉曷故春秋之世生一聖人賢者天下若虛無人焉曷故聖人之在一國也常高于一

高俯眾乃卑小矣聖人之在天下也常高于天下以高臨下下小矣學者即未及聖人而得游于聖人之門豈不幸哉人見其高又于聖人之門見其大帝之典王之謨其所折之述詩書能其所兼綜也春秋之謹嚴禮樂之明備其所裁定也歛縮心小天下而已雖小萬世之天下也亦宜彼不游其門者聞亦有言雖言之而已畢即游其門者非不能言知言之而無益難為言也所固然也由是觀之孔子其登東山矣乎巍巍乎其登太山矣乎孔子之門若海其觀海者之難為水矣乎登山若彼敎相者若此學者即未及聖人而得游于聖人之門豈不幸哉一以登山

爲觀則知尊孔子而畢學不足以惑其趨以觀海爲觀則知大孔子而曲學不足以隘其量凡以進聖人之門即以志聖人之涌也

文境如冰壺秋月不染纖塵點題變化深得先民矩度 正主考原批

韓宗伯每言題中必有間處待人搜抉如此節言聖人之道大而窮于山海則孔子觀天下一層人觀孔子又一層作有畧題之間偏將遊于聖門句作全題之線縱橫説來安頓打疊而運情不失可謂機走如丸神空如水學者得此種文最上之使化去安趣股兩喝破字乃用開筆蹴動題中此字

○○○孔子登東　二句　冀邑[illegible]化府學第一名　周澎　于飛

聖之所處者高有可擬之而見焉夫孔子之高豈易量哉為擬之登東山太山而曾與天下有不見其小者乎今夫人獨居一室而苟有曠懷命負之思未有不自視為高且大者及與之遊覽一國之勝倚（筆意絕似廬陵）察宇宙之遥則又徃徃感歎欲絕以為我之寓形于天壤間者何其渺然無足道乎乃今思我孔子而不覺穆然遠矣夫孔子品居其至詣造其極巍特龜蒙鳧嶧之間學士大夫咸切高山仰止之慕即推（筆落無[illegible]不襲張顏[illegible]）之天下為親不景而企之曰聖如孔子是兩間之所挺今也嵩嶽之所鍾奇也至矣蔑以加矣吾其鳥從以擬之哉聞嘗由鄒至魯驅車于城郭都邑之大見夫擅文物之奧區磅礴扶輿巍然高而上者惟

（敘次錯入古）東山為衆既而考職方訪絜父又見夫崇巒聳翠古帝王受命而興徃徃發嘉號隆封禪者所称太山非耶未嘗不喟然嘆曰古今山之髙者孰有如東山太山乎則欲擬孔子者何妨作登東山登太山想（忽接孔子点睛妙手）夫東山之登吾不知其幾爲層累也惟是即境興懷一若孔子之高（便欲齊節孝聖者）其巍巍而莫尚者即可於登東山而悠然遇之抑太山之登吾不知其幾爲曲折也惟是因象會心一若孔子之高其巖巖而莫並者即可於登太山而恍然悟之嗟乎夫人惟自處狹小足不履于名山大（淋漓之致[illegible]）川之區身不歷千崔巍峻絕之境每見舉世皆大而我獨小斯世皆（搖五嶽而凌滄洲）高而我獨卑若乃登東山也登太山也吾知極目之際有蕭然遠寄俯視一切者矣而以視夫魯果何如也夫魯魯小也元公啓宇以来

擣曾与天下何等宏偉古雅

山川土田綿然百里之雄封而一自登東山者視之祇覺渺兹鮮壤不能不出其範圍孔子乎其殆東國之儀型乎抑以視夫天下果何如也夫天下更非小也禹甸既分以浚東西朔南儼然星羅而棊置而一自登太山者視之祇覺細彼中州不能不歸其度內孔子乎其真天下之一人乎是知所處者高則其所視者小故身雖處于魯與天下之中而身自超于魯與天下之外崇閎之譽無所辭矣抑所造者極則居于下者自小故雖未嘗謂魯與天下之小而魯與天下自不得不居于小度量相越非偶然已乃人之觀孔子者小又何如

者彩不印

不雖然鏡中花水中月耶

宮師尊評

以古文詞作新制義竟似一篇西征記覺宇宙大觀俱入眼内

具此心乎固知江家彩筆未是恠物

陳師尊評

踈朗爽拔高視濶步文名有登碣望滄之槪

林師尊評

錯綜盡致筆意純乎古雅

師祖林亨生評

登東山登太山着一筆認眞不得總是極言聖道之大特假此以形容之耳文之妙處全在離即之間能使題貌既清題神復活遂層出脫奇變不測知其胷中呑雲夢者八九

孔子

孔子登東　二句　　　癸卯　周學健　勿逸

道大于天下、登其極也、蓋道固無所不至、而聖人其造極者也、雖後得而登之、今夫人之所造、各有分焉、諧不臻於獨絕、則無以位乎高、又何能統其大哉、維吾孔子、固卓絕人寰、天下莫由攀躋者也、使衡衆而處、將各囿于方隅、而並特者皆洊崛起以相偶、必孤居其上、斯特立於物表、而有起者皆將伏處而莫抗、一間嘗仰止高山、而深人以拔萃之想、亦復頭瞻喬嶽、輒動人以景行之思、今夫

奇峯突兀

魯非小也、無論龜蒙鳧繹、遺風尚存、即巖穴伏匿、與夫大邑通都之鍾靈而毓秀者、且不知凡幾、要皆群效其奇於巔崖之下、而凡

子者獨坐而收其成則俯視四境國一覽而無餘也夫魯其小者
也今夫天下至無涯也不獨岐陽嵩高德教尚在雖方岳名賢與（菁莪〇物呂〇雅）
夫深林窮谷之散見而錯出者豈易更僕數誰不共挹其淑扶輿（堅〇光）
之內而孔子者獨據而統其宗則睥睨一世固臧臨而無外也此
若登東山太山者然不必絕世而升自覺比肩之無兩非必遺世
而立惟見誕岸之先登豈故在一國則高一國而鄉下遇之失其賢（裝〇傳〇非〇凡）
臧孫過之失其知下莊過之失其勇諸如杏壇之側闕里之徒其
學而不至者又不必言是自有孔子之登而嶽嶽自命皆切培塿（包〇二〇切〇掃〇二〇切）
之惧也已窺乎無足觀矣在天下則高天下而平陽薄坂遯其姿

安邑亳都識其能卻鄰雍岐睹其續餘如莘野之佐首陽之逸其卓然杰出者又無足與京是一有孔子之登而矗矗乎聳然孤立陵之類也固憂然其莫尚矣大哉孔子夫孰有能幾之者哉

胸中腕下精氣鬱勃信筆揮去自有騰跳虎臥之姿勿逸真天授非人力也

孔子登　　周

〇〇〇孔子登東　一章　施鳳儀

聖學不可幾，幾之亦有道焉。夫聖莫過於孔子，然患無其志耳。戊章

達是在君子乎。孟子以為人之所就，不容自小，苟欲負其異於

也，亦當效法聖人耳。雖然，必善識聖人而後聖人可得而知也。

聖人而後聖人可得而至也。故神聖之極，道有難名，而學問之初

有定習。所統羣聖而定一尊，道在孔子無疑矣。夫孔子固何文者

大道無難迹之務，必先主一以定模，而絕學無縣致之理亦[illegible]

而漸進，然而道成之日，固難以擬也。今觀其所處，不必一境

有以自異，如登東山而小魯，登泰山而小天下，其體有固然

易者也。故觀其所形，亦不必一境，而要皆有以自失知也於

大題傳文　　下孟丁丑

大題傳文　下孟丁丑

水遊於聖人之門者難為言其理亦有固然而不可易者矣
宏淺雖未可易測而觀於此焉孔子不可以見矣然而夫子
學者何以知之哉蓋天下之理有所存而後有所發凡可見
本其不可見者以為量上下流行舉知是也即如百川赴海而瀉
則流長二曜經天而體明則光徧由此推之則欲知孔子盡[illegible]大
然而未詣其地也學者又何以至之哉蓋天下之理有所積而後
所通凡將然之境必從其可以然者以為漸大小參觀可立見也
知水流不盈為物必無淩節之施而文采不立君子安有大通之
以此思之則欲至孔子豈在驟乎所以道莫備於聖人志必成於
君子始於[illegible]歸於中正事在躬行而物莫與並者聖人之[illegible]

小以高大下學而上達時日尚懋而不憂其莫致者君子之志也小魯小天下言其體雖為水難為言之其理觀瀾容光言觀道者當于其發盈科成章言學聖者當于其漸四義卓然劃成四比天壤間江河日月之文盧文子

題中罕譬曲喻錯綜互見幾于亂絲此則成局在胸雖千條萬緒腕手不立鮮葉聖野屹然者四比是其布格之老也四比仍如一比是其運筆之妙也入手孔子一頓末幅聖人君子雙收則又見其相題之思之密卿乾一

○○○孔子登東　不達　　　姜曰廣

知聖所以尊則知道所以達夫聖道且以有本尊況學焉者乎誠發於水而得其說矣孟子殆學孔子者也蓋深有契於下學上達之旨而會心於川上也其矣乃言曰夫聖人之道何如而可以驟達乎擬議創生民以來未有而範百家於不能備之山則東山泰山也譬之水則海也吾嘗以陵學山而不至於山吾何以觀之百川學海而至於海也可以觀矣夫水有瀾焉此亦日月有明之說也然則善觀水者何必觀之海哉觀於其瀾而流水可識也惟夫源之源而歸於科也然後流之長而至乎海也故知學海至海者即知學聖至聖

□□文章本斷編　孟

學而有不至焉則造之不深積之不學也所謂徑不成徑循不成循
而闇爾無章者也是必不善觀孔子者也是必不善學孔子者也是（焉云帶打進勢）
必不知善學孔子者先學自心而欲以浮慕迹焉焉者也夫登東山（懷山仍）
泰山之道何如而可以驟造乎而冀見夫無瀾之水不盈科而能至（瀾在水）
海乎是故善於海而觀其大於瀾而觀其源於科而觀其漸觀止矣
道在孔學亦在是矣嘆川上有以也夫（乘世宗）

悟徹源頭不煩備言自有左右逢原之妙　顧九疇
刻不在枯水字枯水字亦復妙叠奇變化抹盡文家印板水矣
可解文家之縛○舒鵠石先生東語云聖人有聖人之城位其高

如山君子有君子之進修其進如水亦妙　馬君紫

就觀聖中出學聖乃是金聲來即作主靈奇變化殆欲抗衡思翁

已超處聖人之道何如而可以驟達乎聖人之道何如六字是說

聖道可以驟達乎是說學聖與此一句便已振起通篇便已將聖

道收轉入來節中矣善觀水者一段就海即到瀾即滾出流水

又就有本即滾出盈科却就達字仍歸到海上神化之筆

孔子登東山　其瀾

丙子貢生　梁尚秉

學聖者善形聖，能觀水者可觀聖矣。夫孔子之大，非孟子無以形之，觀其論水之瀾，不已得觀聖之一術乎。今夫望之而不能測其際，探之而不能知其源者，聖人也。品位絕人，以葉蹤而變化亦有入以擬議乎。窮從私淑之餘，為形其大一例，觀為而形諸[illegible]時為察其水，一俯察焉而先見水之流矣。吾用是重有念於孔子，仰止之崇峻，久深景行之思，觀泗水之潆洄，常切伊人之相入○藏○於○存○，觀其論列，而未嘗不於向往之餘，有以心知其吾於其在一國而觀其大也，為家見繹，莫可與京，殆登東山而小魯□者於其在天下而觀其大也四海九州孰與為並殆登太山而小天下惟其大也故賢智者對之而失其賢智顏閔所弟子之無喻其大也故敏辨者對之而失其敏辨游夏所以無一（隨筆生波）詞之贊是則世有孔子猶山之有嵩山水之有海也觀夫孔子猶觀湖而天下無水亦觀泰山而天下無山也無怪乎天下之折衷六藝者必于孔子矣其太固何如哉而吾更欲有以深觀我孔子矣今夫物之大也有形而聖人之大也無象故觀物易而觀聖難（斡旋造化天無功）物之靜者其象不遷物之動者其體至變故觀山易而觀水難於此而得其術焉則可通其術於觀聖矣水之所起不可知瀾則其

來之不滯也觀乎此而孔子之大所謂一而神者水也具其體水之所止不可窮觀則其往而不留也觀乎此而孔子之大所謂兩故化者水又已藴其妙觀水而其大在水猶之觀山而其大在山也向使生其時得以遊其門是于山見太岱之高于水見滄海之（吹東孔起洋溢有聲山高斂若君）深於人而得見孔子之太是天下巨觀也今既已矣此所以徘徊（莉明六勢）不去而願學情深也夫（[illegible]）

滿江水抱中和氣平遠山如蘊藉人

孔子登東 全章（孟子） 陳璸

孔子登東 全章 陳璸

則反覆以形聖道而為學者示其程焉夫道莫大於孔子觀之

有術而其求也有方是在孟子矣且匹夫而為百世師吾嘗聞其

人矣而亦嘗思其道矣自處以甚絕之勢而示若無予人以可入之

途焉低徊曲折乎其中而可以識其所從得矣吾嘗願學孔子竊不

能至心竊嚮往之蓋孔子者道之宗而亘萬世而莫之及者也今夫

人圖乎目前之境而欲以極其顛盼則亦目前而已不能遠也出其

上焉則遠更出其上焉則更遠彼居乎其下者莫不各以為有得然

而小魯魯之小以登東山故也天下之小以登泰山故也是故身入

行術偶之中而□之義其分寸則亦術偶而已然以異也出其類焉
則異更出其類焉則更異彼挾乎其技者亦或自以為多能然而難
矣難為水者以觀于海故也難為言者以遊于聖人之門故也大哉
聖人之道吾何以觀之哉雖然有術焉即觀水何莫不然水何以流
觀乎其瀾而可得其故矣即日月何莫不然日月何以明觀乎容光
必照而可以得其故矣而又何疑于聖人之道乎哉今夫流水之為
物也激而為瀾匯而為海抑知其蕩乎浩乎者皆浸淫漬漸者之所
也彼君子之志乎道也豈有異乎是乎氣之太銳者易有欲速之
患功未及乎此而志輒已及乎彼輾轉相失而去道也日遠矣是故

學下手焉不敢以輕心處之。亦不敢以躁心嘗之。日積月累而漸至

然有要有倫而條理之不失夫如是而後逵上為言識不虛

下達。亦猶水之不盈科不行而已矣。然則聖人者果自處以善

人勞而來嘗不予人以可入之余也。余也仰高有懷而學淵樂術難

亦獲遊其門而願賞悉其道至其從入之方願與世之君子共之而

未敢以自私也。

隨題位置不求異人。而空靈超忽之致。自具于尺幅之中。固非庸

手所能及也。

孔子登東山　其灛（孟子）　陳高飛

孔子登東山　其灛

丙子會魁　陳高飛

欲奉至聖以為歸、當不徒觀其外已、夫以孔子憂絕之詣、誠有望之而自失者、然在顏學者、可任其傍皇無據乎、譬以觀水之術、學者其知所本也、故且天下憂絕之詣、莫不根乎甯寡、而學者無以觀其橐、則疑攀躋之難通、夫仰高深之在望、而頓失其嶮、來亦難擬議俱絕矣、而不知其深入望洋之嘆者、正乎人以測源之瞞也、今天下競言學孔子矣、畢小自局者、難諸以遠大之規、窺測其勞者無心本根之實、蓋嘗深觀孔子、而得與顏學者指其歸也、夫孔子自有所以高孔子者存也、將自其在一國者觀之、一國之中

新科墨選

莫與之也登東山而小魯孔子之高于一國也有然將自其在天
下者能天下譬大莫能擬也登太山而小天下孔子之高于天
之又前然一大以孔子觀天下既隨所條而不越其範圍則以天下
東大唾一千
觀孔子自道殆若而擬形其計迹今夫至多而難窮者水也至紛
喧什與筆
而蘇齊者言也百川百谷各出其流而一歸于海遂覺等于潢潦
亦無他奇有所居也諸子自家各持其說而一遊于聖門遂自形
其狹隘者無他道有所不全也夫聖人之言亦猶夫衆人之言耳
何所根而至理中涵其推爲莫及之旨亦猶之海水無以異于衆
出落神宗先民貴則
水耳何所聚而縈洄有象咸遜其浩瀚之觀一與而欲窺之鳥從而

觀之是而術繹是而可即觀瀾之說而通其術乎觀聖哉今夫天下非小也而至聖之登而上之者自若也百家之言至不齊也而至聖之舉而空之者又自若也夫至聖必有所以為至聖者在也益能以觀水之術觀聖而願學孔子者乃不患茫然無據也已

神與古會

渾脫瀏灕無艱難勞苦之態看似伸紙疾書却非寢饋于古者不辦

孔子登東　全章　董其昌

聖道之大、其入之有序焉、甚矣學貴有本也、知聖道之大、又知其序以大、而君子何不自成章始哉、且君子不可使聖人之道不尊于天下、尤不可使聖人之道不明于天下、不尊則統分于異端、不明則學廢乎凌節、道之救也、自有聖人以來大哉、孔子乎、孔子非自為高也、迄天下而獨立者其地位峻也、天下非不各自為大也、迴孔子而自失者其造境殊也、登東山而魯邦為僻壤、登太山而宇內為鉅觀、望滄溟而百川之朝宗、睹聖論而知象言之淆亂、彼其所為流行六合而不□孔、啟予古而不磨者、時是大也、吾何以觀之哉、本太乙以

非、君、子、於

淵源。觀瀾矣。瀾者所由以觀水之本也。識陰陽以為用則日
月無虧□□□容光必照者所由以觀日月之本也。寧獨水有瀾而已
容照也。聖人之道亦有以寧獨聖有本而後有大也。君子之進于道
馬云遠勝一斤仲和
亦有□苟也。學之漸進者有本故也。雖收斂于切近積實之中而其
神知亦有以集大而窺神化之域。學之欲速者無本故也。雖泛浩于
言語見聞之博而其精外騖難以躐等而望堂奧之登、蓋成章後達、
之說也。不然不盈科不行。夫水則亦有然者而獨疑于君子哉。孔
子之道于山吾知其為大且高。于海吾知其為廣且深。于日月吾知
其為光且明。而至于所為本者雖孟子亦不得而明言之。不可名言。

孟子

故必俟夫成章之上款

叙首節則先正意而後喻意。次節則先喻意而後正意。叙末節又先正意而後喻意。恰好將首節次節喻意撮在一處。次節末節正意撮在一處。絕不重複。亦不另起頭緒。神矣化矣。

衆時評曰、此引云聖道之大。正由其有本。學之者無其本。何足望其道之大。說上扣本字串入本節。有以也。有常則曰、昧云聖人之道大而有本。學之者必以其漸。乃能至也。末節自重漸字。今云寧循聖人有本而微大也。若子之達于道亦有之。似君子正在本上做工夫。漸字紐而一層矣。蒙引之說。似是末節餘意。不當貫入正講。有常之說是也。

孔子登東　一節

沈樂縣學第一名　吉安潘士錦

聖人之道、極、形、之、而、凡、其、大、焉、夫道之大、未有如孔子者、即登山觀海以形之、而何疑於遊聖人之門者、哉、今夫非有上下千古之識而徒執其拘虛之見。欲以尚論乎聖人。則君子必有所不許是。故說有大而非參者。達若信之。衆人從焉。吾益俯仰古今。進退百之。而歎孔子之為不可及也。夫大矣哉。孔子之道乎。蓋自有聖人以來。亦有如孔子者也。天地精華之氣。歷帝王師相。而共運蕃昌熾。巍乎所為當世之一人也。在一國則高一國。在天下則高天下以。何異置其身於崇隆之上。而相與俯視一切乎。是則一聖人出而道全德備聚當世之為智為愚舉無一不受處於其下也已而當陶鑄之奇由虞夏商周而共積彌光恢恢乎所為為世之一人也在一時則高一時在千古則高千古此何異立其身於高大之域而相與倚臨下土乎是則一聖人起而出類拔萃舉萬世之為以為否蓋無不各譬乎其後也已登東山而小魯登太山而小天下無他以其所處之高也夫其所處之高而世之見之者有不爽然於其大者哉今夫水之大者莫如海矣江永漢廣非不極天下之至奇然而其為水也猶可意量耳迨相與歷龍門過積石以底於海而後知天下之水莫大乎是也浩蕩[illegible][illegible]之勢可以吞天地而

據山岳泱泱乎大觀也哉蓋自一觀於[illegible][illegible][illegible]之水皆不足[illegible]

入其意中矣抑言之大者莫如聖人之門矣諸子百家非不足明

至道於萬一然而其為言也猶可意計耳迨相與涉[illegible]洞歷杳[illegible]

以至於聖人之門而後歎天下之言莫大乎是也精微奧[illegible]之蘊

可以軼千聖而駕百王炎炎乎大言也哉蓋自一遊於聖人之門

而天下之言舉無足以當其一聽矣其難為言也亦猶其難為水

也云爾嗚呼吾於山而見東山太山之高於水而見海之大且深

於言而又見聖人之門為至道之淵藪然後歎不[illegible]之道之大也

議論警拔如豐城劍氣直沖牛斗之間　原評

孔子懼　節　　王庭

瞿以懼而成書知罪所不計也夫春秋之作孔子方為世道懼則雖非天子為之而知與罪必倫矣且人事之變雖聖人無如何而於之文詞以為功著作之業于是乎繼焉然非因此去君子之所得為可幸無罪己也或躬身為之矣而實非身之所得為則聖人之心亦無能多諒于世是其不得已之說可謂之孔子矣雖孔子之道大而難名然其意在春秋蓋孔子生亂世見亂人聞亂事春秋一書以治亂亂者也於衛其時歟有戒心曰孔子懼也孔子之懼為君父也春秋之作以君治臣於天下知有臣知有臣而始知有君以父治子故天

下知有子而始知有父然則孔子君與父與曰我非若也非

即從君父頓□所出天子并勤

父也則春秋君為而作與春秋君若父之事也非此非此為君者

□□□□一□羅□百□辭□弟□出□夢字□□□□□

何恥纍然綴譬攀援而上

父也者也君治其國不足以治人之國父治其家不足以治人之家

□□□□不止誅亂賊舉其香再并補出傳所命討方令得一治□□

天秩禮樂此則刑教化齊軌風俗一同非天子不及此矣春秋天子

之事也非也為天子者不敢行其事然當時之為天子者無有

□□□□□□并□□□□□□□□□□□□□□□□

□事而不能行也譬而取之不得已也故孔子曰春秋我之所有

其事然亦我事也為我事者我得而言之我得而行之非我事者

我得而言之我然不得而行之筆則筆削則削豈空文無補□知我

□□□□天子□□□□

者曰不猶愈乎已乎然人退而一有後言矣曰夫夫也是欲行天子之

事者也豈其君乎豈其父乎非君父也豈其天下乎惜乎不使生于（是非之案形判斷於一字清於斧鉞凡君父天決亦奚甚矣）三代之治見罪于天子也使果得見罪于天子也而我又何懼乎是（何其嚴俱寓于公神）則孔子作春秋之本旨也夫春秋魯史列國來告者皆書之彼魯之權不能以正三家而春秋乃以治天下之亂臣賊子此道之所陰也狀繇識組而代之矣

縱橫旋轉有驚飆走颱勢入戶驟雨旋風鼓滿堂之致　自記

只張皇天子之事更不顧是非而個字難作轉換近人直有文無題也縱橫旋轉恰豪髮不差最能理會法脈故多直開老蘇春秋論未嘗有傷正氣以瞻先生

本欲甚父翻出天子。乃與上文一氣。針對于討亂賊。意更無一筆〇關落到天子之事句。仍歸得胡氏之說。但落墨不多。故轉旋易入。亂特罷字不得已字出孔子。為承三聖脈。罪我句中人翻入君父。歸重討亂賊。并為下無父無君吾為此懼之脈。

孔子懼

孔子嘗為委吏矣　一節　　吳授晃

職惟求其易稱、可以為貧而仕者法矣、夫委吏職在會計乘田職在牛羊、以其易稱、而孔子嘗為之、是故為貧而仕者審其所宜曰抱關擊柝非臆說也。蓋觀於聖人敬官之意素位之思而知為仕之道要撥諸吾之所以仕者無背於初心而已既但為朝夕之謀則托迹末微亦其所也不然則有如委吏乘田並非抱關者流乎斂野賦以待財用而職膺微瑣卑之甚抑貧之甚寧公牛以待政令而身司僕役辭尊寧遂為此抑辭富寧遂為此然而昔孔子嘗為之何也其為之以自廢耶則混之與處而等被之中如游

泉石孔子不謂然也吾既為貧而仕則一命可以濟物必期於自（○重○仕○字○以○關○義○為）
盡而止此聖人之大也其為之以自鳴耶則嚋嚋久居而簷翟之（○重○為○貧○還○清○本○義○）
內寄望榛苓孔子不謂然也吾特為貧而仕則一職即以効能祖
期於自盡而止此聖人之時也故其為委吏也問以會計敢曰不
知然亦無求多於會計外也句聚稍聚稽其出入之數謹其耗蠹（○淡○而○郎○旨○）
之防奏厥績而無不當為則委吏之事已畢矣即為貧而仕之心
亦如是而已畢矣且其為乘田也受人牛芻敢云立視然亦無求
多於牛羊外也或寢或訛特其水草之需順其孳息之性報厥最
而茁壯長焉則乘田之事無餘矣即為貧而仕之心亦如是而無

餘矣孔子所由嘗為之者以此〻聖人堯舜君民之業可於會計

其聲大而遠

牛羊見其端而仕止進退之宜亦即可以委吏乘田而擬為創者

也為貧而仕者又不足法與

吾家青峒先生作深約嚴重而此更浩蕩之頓毋處能使前賢

畏也　方朴山師

意餘題外運脫最高　任后山

下截意都收入上截老眼無花　周鯤莊

清遠之章而下語諦寔處得嘉隆以上人本領　南勤

孔子嘗為　一節　　汪晉徵

觀聖人之為貧而仕、取其職之易盡而已、夫孔子非徒為貧仕也、而有時乎為貧委吏乘田而外、一盡職焉、固已無餘事耳、意謂吾言為貧而仕者必宜辭尊富而居卑貧、豈藉是以傳名高棄學實哉、不知辭其所可辭者、固不可假尊富而冒貪祿之譏、居其所可居者、亦不敢因卑賤而貽瘝官之誚、爵或身居下僚、以為職小事微、可無事辯力焉、則職業之曠廢已多、其亦未嘗折衷于孔子之仕矣、乃或者曰孔子備帝德王功之學、統周官周禮之全、不仕則已、仕則必為朝廷底慎財賦、稱能有司、為天子燮理陰陽、號賢宰相、為國家養育群生、廣蕃物類、作良司農、良司牧君、然則孔子而仕于堯舜時、是即當日

從上文說入

開合如意

疏出孔子意

映切委吏乘田典雅莊嚴

之卑發益殺也孔子而生于商周時是即當日之伊乘周召也豈徒（拙斟酌一段如泉湧風生）為貴而仕者哉而既知孔子當日蓋亦嘗為委吏矣嘗為乘田矣夫委吏乘田職至小也分至微也不過與抱關擊柝者等耳吾意孔子（映華妙）或藉微稍以資蔬水或賴升斗以給饔飧或假末職下僚以寄其抑鬱無聊之思斯亦可以優游自適而無煩經營籌畫于其間矣又何（再斟酌一段層出不窮）必一則曰會計當再則曰牛羊茁壯長也我使會計當而茁壯長也固不足為孔子功即會計未當而未茁壯長也亦何足為孔子罪而（上二文句法）孔子則曰否否孔子初不以委吏為可忽也以為錢穀攸司即國計（何等關係）出入所由關即民命艱難所由係而敢以權算慢之歟必會計當焉（所以必要精戰）而後無忝于委吏也否則委吏雖卑且貧未敢一日安也孔子初不

以乘田為可忽也。以為畜牧所司，即國用盈絀所由；課即物力殷耗所內分，而敢以畢末棄之？狀必牛羊茁壯長而滋，無愧于乘田小子，則乘田雖卑，且貧未敢一念安也。雖然，以孔子之宏才偉畧，出其才猷，以見之施行，何難設一法、增一令，益財賦，紓謀蓄息，使天下之人聞而嘆之曰：東家丘果能治賦，多才育物，有功者異日為魯諸侯治一國，周天子理四方，當如此。委吏乘田矣，而何以會計既當之外，不以他職貸權；牛羊茁壯長之外，不以他事代虔？且委吏之時，不以叅芻牧之政；乘田之日，不以干委積之司，第曰會計當而已矣，牛羊茁壯長而已矣。彼世居卑位而蹈越分之愆，蹐高爵而蒙竊祿之恥者，非孔子之罪人也哉！

宕中遊開　逗出　而已矣三字突出傳神　互見毫東見思兆　齊整家常甚快異常

己未科

此節持明孔子為貧而仕以見必稱其職之意前半竭力擔高孔子先翻孔子非為貧而仕一層次翻孔子仕貧不必稱職一層滑文家爭賭上流法其正還題面覷賓出委吏乘田大關國計民命粉力丞虛正見孔子雖居卑貧亦稱其職末幅說到貴有專司職有各盡不但還出而已矣三字也神昇為下節作一反照何文心之敏妙乃爾

孔子嘗為　一節　十九名　沙相賢

舉聖人以立貧仕之準、亦取稱乎其祿也、夫以孔子而為委吏乘田、是辭尊富而居卑貧也、曰會計當、曰牛羊茁壯長、其事必稱、祿也、如此、孟子曰、今天下之優游下僚者。每自負其才之有餘。謂是事之不足以盡其才也。抑、思、已、之、降、心以就者何故、而、古、之、聖、人。（切、定、為、貧、而、仕。）一、官、自、效、者。亦、何、嘗、以、微、賤、而、忽、稱、職、之、思、乎。昔春秋有孔子。負聖帝明王之畧。抱夢想東周之志。使其得時而駕。於以綜理紀綱。長養民物。詎非一時盛事哉。乃、迄、今、考之。則、嘗、有、為、委、吏、乘、田、二、事。亦、一、秋非可久居。微員寧甘寄迹。然而亦倘以也。為貧而仕。何擇

湖北

乎委吏何歎乎乘田獨是孔子於斯亦有若大受不可小知
在大儒或自藉其經濟長材屈於短馭即才人亦自悼其功名孔
子何人而以委吏乘田屈會計牛羊何事而以煩我孔子哉然而
無傷也為貧而仕何擇乎委吏何歎乎乘田且夫仕豈以孔子而
異哉委吏乘田國有常職會計牛羊職有專司故不為委吏則已
為之則會計即其事不為乘田則已為之則牛羊即其事向使混
迹委吏之班虛縻乘田之祿而會計牛羊漠不經心一旦君相詰
績而課功輿論循名以責實問其官則曰吾委吏也吾乘田也問
其會計牛羊則曰我不知也是誰之咎且此委吏乘田亦易稱之

湖北

職也委吏之職在會計曰會計當而孔子可以塞責矣會計之外無餘事也乘田之職在牛羊曰牛羊茁壯長而孔子可云報稱矣牛羊之外無多求也於是而天下之爲貧仕者可以決所自處矣居乎慷慨自負往往薄卑官而不屑抗衛門擊柝嘗有貧賤而不悔者爲知聖人當日固有如是之卑官自效者乎則委吏乘田而外可以安祿仕之身者正不少也於是而天下之爲貧仕者可以知所自盡矣奇士屈在散秩往往鄙細務於不親故簡令碩人且有輕世而肆志者爲知聖人當日有如是之不棄餐者乎則委吏乘田之中所以盡祿仕之分者正難謝也入亦以孔子爲法焉斯

此、外、人、貧、身、本、分、二、義

孔子嘗為　一節

歲試大田縣學一等一名　林時亨

兩述聖人之仕即為貧而其職已稱矣蓋委吏乘田皆有其事之當盡者也觀於孔子不可為〻貧而仕者立之則乎今夫人於仕進之途或與為慕焉或與為鶩焉又或以其事置之度外而與為忘焉皆非其宜者也惟是安於分之所當然而盡其職之所必至則雖躬處（潜點宜字得趣）微燎而經營竟嘗初無所縈心於其外者若孔子足多焉孔子道極其大德底于純使其獲得為之勢乘可為之權豈不足以澤被生民（振起一段籠罩全）恩周異類（勢）使天下之往來居處者不至嘆委積之無資而司牧之各得其人也哉無如中都未試司寇未升而終窶興嗟北門致嘆噫嘻貧也胡為乎來哉然而不足以困我孔子也孔子嘗為委吏矣夫委

吏微職也。曾孔子而為之乎。孔子則曰。會計當而已矣。外此非所敢（順望之絕勝）知也。嘗為乘田矣。夫乘田賤吏也。曾孔子而為之乎。孔子則曰牛羊茁壯長而已矣。外此非敢與也。夫以孔子之聖而服茲下位，豈不可（俯就位卑言高妙想出人上外）以大議讞獻，弘稱化理，而第會計之必當也，如是牛羊茁壯長也。如是，吾于是而知孔子之道之大也。處卑賤之官而僅邀升斗之糈，雖有曠職，或亦可以相忽，而孔子則必辨乃事，稱厥職焉，一若上之所以責我者雖輕，而我之所以自責者不容不重，日親簿書之勞不憚（鑑旅轉宕氣足精流）弱攸之瘁。是舉天下才智之士所畧焉而不欲為者，孔子獨兢兢焉，內有以盡其心，外有以盡其力，斷不使有幾微之或怨，以貽疚於夙疽，則為貧而仕之道得也。天下豈無為貧而仕者乎。觀於孔子，可以知所法矣。又於是而知孔子之德之純也。固貧窶之故而暫承微末之委。即有少失。似亦可以自寬。而孔子則必一乃心。殫厥力焉。一君祿之所以予我者雖薄。而我之所以視夫祿者不敢不厚。會計必務其當。孳息必期于蕃。是舉天下豪傑之士所忽爲而不肯爲者。孔子獨孜孜焉。上不敢以負吾君。下不敢以負所學。斷不使有毫髮之或渝。（映合章旨逼真既塑）以貽憾于生乎。則辭尊居卑之道得也。天下豈無辭尊居卑者乎。觀我孔子可以立之極矣。否則罪之來也。能解免乎。

一提一頓。絕世靈心。輕還題面。渾然大意。總由識力非常。自可俯視一切。

孔子　林

○孔子嘗為　至未　　黃居中

觀祿仕於聖人而知職不當位者之非矣夫乘田委吏職易稱也斯祿仕者之法也不然如言高道廢者可鑒矣且邀寵之夫競趨尊富而狗利之士蓋言卑貧則亦未知下位之易稱而曠官之是恥耳吾以孔子為準矣夫孔子不嘗為貧而仕者乎委吏卑且貧也孔子猶然為之也蓋曰委吏職在會計吾求當焉斯可矣彼廢置出納之司豈無大於會計者是位高立朝之事也吾委吏何知焉乘田卑且貧也孔子猶然為之也蓋曰乘田職在牛羊吾求長焉斯可矣彼元元蒼生之寄豈無大於牛羊者是位高立朝之事也吾乘田何知焉夫

俯下節

職而為委吏乘田也是以貧仕也故所責任者一會計牛羊之卑而亦無出位之思職而止於會計牛羊也非以道仕也故所圖維者無行道濟時之心而亦無廢道之恥有如位居下僚而天下國家之務槩焉論列於其中是言高也是一委吏乘田之卑秩而偃然處於公卿大夫之任也僭分之咎將焉逃之以是知孔子之為會計長牛羊也惡踰職也有如識在廟廊而社稷生靈之計忽焉不加於其慮是道不行也是以公孤有執之榮階而退然處於會計牛羊之守也素餐之誚將焉避之以斯知孔子之為委吏為乘田也惧瘝官也蓋為貧而居尊富則言高者可畏為貧而辭卑貧則廢道者可恥不然一

提上

人攏到孔子

委吏何足以羈聖人。一乘田何足以縻聖人。而聖人何屑屑焉輕以其身奔走下吏而不辭哉。為貧而仕者。法孔子可也。

立乎人之本朝句。亦正為為貧而仕者發。似不宜與位卑句對發。然作者於回合穿插處。儘仍能圓其說也。

孔子嘗

黃居中

孔子嘗為　二節　庚戌　曹一士

聖人有貧仕以存道也夫立人之朝而道亡不如委吏乘田而道存也所耻在彼所為在此〻為貧家法也且從來守道不如守官而不知守官即以守道彼退然不肯稍逾其分皆乃泰然無所甚愧於心者也孔子之往事可法為春秋時志大道之行而貢立朝

不分首字作語老筆

之聖者孰如孔子然而孔子蓋嘗貧甚數為吏委吏不足轉為乘田朝稽夕會爾收爾牲是或一道歟而道止於會計當茁壯長瑣瑣微未聊謝官謗嗟乎孔子之遇亦窮矣孔子志在行道〻而行

轉併有力語亦味古

於會計牛羊猶之不行也然孔子不以為耻振〻有言曰已矣其

亦可弛於負贅免於罪戾矣壹似孔子之道之必行者何也曰此委吏乘田之孔子非立乎人之本朝之孔子也立乎委吏之位則（從、落、卷、）（從上○節）人之朝方有制國用而詔其出入者若之何莞庫而覺其政立乎（濟○剝○首○句○已○穿○入○來○句）乘田之位則人之與方有變陰陽而調其消息者若之何欲臣而議秉鈞罪之于國言於何有守官也即守道也使孔子得宰天下（帝○上○句）亦當如是矣何耻爲喙乎士君子抱道在躬得時則駕非不欲與（生○下○句）人家國開口論議一抒生平大行之願頓俛傑食貧自甘卑賤汲（從上側下氣勢空濶）汲乎負罪之不暇豈真無意當世哉正恐道不可以漫施責不可以輕塞望隆者慮長任大者憂迫上之懷嚴餘之危下之壓友朋

忝上搭下口一片煙雲古文妙境

之畏若曰子向者所言共何奈何畀之無甚高論也不亦輕朝廷

原批一筆勤轉實十應然

而貽吾黨之恥耶委吏乘田為貧者所以辭為此毋為彼也蓋高位豈為溫飽惟廉恥素明而後仕無可貪之爵祿下僚亦諸公輔惟道行有待而後貧無可苟之功名委吏乘田雖不足以行道然

後前代之不行句作轉

道猶存也若立人之木朝而不行是道終亡矣道存則不妨小試道亡則不可處物與日者女樂餽而遂行夫非猶是此孔子與然後知叢所云云乃為貧屈也

以道作主以委吏乘田作聯絡纓帶如題開合意致環生正如空山無人落花滿徑

震論一

近科小題丹液集　孟子　三百六

一路賓主廻環。落落睐古。真是慧珠在胸。法輪在手。侯同璿

孔子嘗

孔子嘗為委　一節　曹爾堪

聖人之官司色也，非始也。夫以後事致者，則必以先事致。田委吏曰乘田，此孔子之先事矣。且夫為臣良難，亦唯其人而已。官雖榮而不賴，則因以之子而稱是位也。棄其人而并崇其官，詩之誹尹氏太師皇父卿士是也。官雖下而人自賞，則因以拔人而紬諸此也。榮其人而并榮其官，詩之賦簡兮碩人王事適我是也。嗟乎，君子不遇，則君賢相而顯下，特亦安望高爵厚祿哉。雖然，古有以官食邑矣，有以官為微矣，有以官為業矣。春秋之時，邑繁，故大都耦國；族盛，故史識世卿。於人倫亡高賢不遇，族與邑不可為之者，惟業耳。而博識若孔子。猶云無所成名。何居。蓋孔子非委吏也。非委吏而為委吏。故不以顯也。喪祭之功。必借勿若冢宰制用矣。地邑之數。必得勿若司空執度矣。積屑之能。豈民望所甘乎。然質之歲終。要之日月。不敢以下僚散吏之儔。而弛職其事矣。聞之祈植設旌燎而東野以九九之術見（何云微市羅而切）趙文子舉士而管庫之士有七十餘家。吾子雖不必等列。于是而五雖以義立物。鈞五量以寬侖。準縣無異也。乃孔子非乘田也。非乘田而為乘田。豈不以傳也。合同縣之秩芻。勿若內監之令民矣。命循行之必當勿若宰祝之告備矣。爾牧來思。豈大人所宜乎。然而以薪以蒸以雌以雄。不敢以奔走僕從之事而弗共爾牲矣。聞之董父豢龍而帝舜封諸騣川非子主馬汧渭而孝王封之邑于秦吾子雖不必執稷契是而備騂犢之祀于陰陽贊領牲之牷于展飄無嫌也（舉川字〇在〇稷〇九〇索〇辨）然孔子之爲此者亦在春秋強盛之時乃嘉我來矣皆足以典料量之繁鮮我方將力足以容繫粢之劇否則鬱鬱乘暮結秀無勳奈何憔劬勞甘鞅掌也此亦在父母桑梓之地耳無去國之行則無須于怏鞅非地方之宰則無禁于宿家否則鳥縣在堂文墨無議奈何去墳慕辭倫好也夫孔子豈戀是一紙一級哉守職抱功典幹恪勤以爲食淨于人也寧人淨于食也已

前半不衍所阿過兩竅宛崎嶇然備墨間自別有六脊中間波瀾

本朝歷科大　孟子　孔子嘗　曹

映帶○亦為題面意外開解也○何也時

若從會計牛羊寬衍到鳥獸草木咸若等語○以為小處見大○只是

窮措大妄意出身自己庸隨見識耳○聖人素位而行○委吏乘田亦

自有職業在○此文趣諸故○以不傾旁忌為佳○

孔子嘗為委吏矣　一節

許開基

聖人亦有為貧之仕惟思自盡其職而已夫委吏乘田其職易盡雖孔子嘗為之為貧而仕誰曰不宜且聖賢筮仕其志固將大有（從仕非為貧說）所為也初何嘗急於小就哉乃有時出處之踪亦或詭界貧之秩（入并注下條行道）吾不知其何所為而為之也夫亦以甫離貧賤聊以自安其分豈（高諫）（落、得、榮、奏）曰吾優為之而不屑於此乎抱關擊柝非即委吏類耶乘田類耶以吾所聞孔子亦嘗為之矣夫孔子大德不官雖舉國而為之（讀樂不係）持籌盡民而俾以司牧而不足以竟其長故有時撫行相事而不（以尊富引到卑貧醒嘗字意）以為尊致粟六萬而不以為富也然當其少賤自甘即書數之暇箕及錙銖釣弋之餘留心孳息而亦足以寄其跡故有時位處下僚而不以為畀祿足代耕而不以為貧也然則委吏中有孔子而會計之當尚煩衡量則知三百取禾奚自來素餐之誚一乘田中有孔子而牛羊之茁壯長尚勤豢擾則知收人致夢何至貽負乘之羞且孔子之先宋之司馬也念先人以賓王世胄身享夫再命三命之榮而傴僂益恭莫之或侮喜乃以委吏乘田承其業得毋遠替贊襄乎不知避禍來奔大懼隕循墻之訓則會計是司牛羊是啟亦僅藉饘粥以餬口而不畀小官方且竭蹶而為之以無懟祖德其兢兢於委吏乘田也猶其兢兢於司馬也已矣抑孔子之父

激抗絕佳

寫易稱字從切

別開生面

將先世履歷襯起為貧而仕欵

曲入情何等可歎

頓挫

鄒之大夫也念先子以扶門餘勇効能於一官一邑之間而危山

請禱晚而有子吾乃以委吏乘田食其報得毋近悲風木乎然而

更切家貧親老注於委騰挪善道聖人情事

有母尸饔每恃切少孤之恨則始而委吏繼而乘田猶可將菽水

古人所以捧檄色喜篤肯為宰栩栩欲

以承懽而厠身下士方且踴躍而為之以上慰親心其恢恢於會

活

二意分照下節

計牛羊也猶其恢恢於鄒邑也已矣故使曠瘝於職之中而孔子

對屬之妙上擬王溪

必謝不敢我庚維億寧辭心計之勞爾牧來思遑憚肱麾之勤循

所謂中肅不可緩絶大道理出以語

分稱職何難游刃而有餘乃課其績一俗吏所能為而考其成雖

妙

兩者各

至人不與易也然使侵越於職之外而孔子必謝不敏前此司委

不相蒙更過得下意起

積雖欲詢芻茭而不答後此事畜牧久將問錢穀而不知敬事守

官無容越俎以相代故一日身當其任而天縱者必自盡其能即翻進一層理湛意圓畢世不易其官而素位者總不踰其分也為貧而仕誰曰不宜

軼事苦無証數典不忘祖如讀孔子世家　孫鑨齋先生

巧切孔子身上搜尋為貧而仕實際姿態橫生使題中數虛字有聲有情若跲若動洵神技也上領畀貧下映罪恥四面靈通

神理不走銖黍寓才於法猶見前人意匠　汪崑鯨

從典則中幻出離奇光怪古色照人新色亦逼人　周衡臺

孔子嘗

孔子嘗為　一節　章鶴鳴

○○○以大聖而時乎為貧、亦為其所易為而已夫以委吏乘田而孔子嘗
為之、亦孔子之為貧而仕也、為之者非以其職之易稱乎、且天下有
○直○推○來○節
當為而不能為之、有不當為而為而或有時乎為之、有或時乎為之而無
慕乎所當為之者、此非其仕有異、抑其時使然也、苟以其時之使然
雖以大聖人之才、而亦不棄乎恒人之所能為、夫亦取其職之易盡
而祗以盡乎一時之所可為、而不必執乎已之所當為而已、遂如辭
尊富而居乎貧者、必抱關擊柝而後宜、夫天下之宜乎卑宜乎貧者
寧止抱關擊柝乎哉、夫天下不止抱關之官、而有類乎抱關之官、不
擊柝之官、而有類〻〻柝之官、天下有類乎抱關之官、即有可為

大題科稿　孟　闡遠堂自訂

孟

關之人而不必類

關之人有類乎擊柝之官即不可為擊柝

之人而不必類乎擊柝之人不有所謂委吏乎夫衆庶之吏止以同

人而已不又有所謂乘田乎夫苑囿之司祿以羔羊牧而已以言

乎職則卑甚以言乎祿則貧甚夫以他人之有志于仕者且不屑為

之所成為之必曰非我所宜也而謂孔子其為之哉夫以才全德備

新得清當

之孔子宜乎當國之富且尊者為之且不足以處孔子而必于委吏

乘田是居乃委積當日其於委吏也則嘗為之矣其於乘田也則嘗

為之矣則何以故曰孔子蓋為貧而仕故也夫為貧而仕則何取乎

宜美論

委吏何取乎乘田蓋委吏之職不過曰會計當也會計之外不問也

乘田之職不過曰牛羊茁壯長也牛羊之外不問也其在孔子即有

不屑乎委吏之心。不屑乎乘田之心。而當其為委吏。則職在為委吏。當其為乘田。則職在為乘田。其在孔子。即為委吏。亦有異于凡為委吏之人。即為乘田。亦有異於凡為乘田之人。而當其為委吏。則亦止盡其為委吏之人。當其為乘田。則亦止盡其為乘田之人。夫孔子大聖人也。其為之不敢過。不敢不及者何也。夫亦曰為貧而仕。而職之易稱故也。夫為貧而仕。即以孔子之大聖。而不敢慕于尊且富焉。而何以世之為貧者。其才與德。萬不及于孔子。而反欲辭卑以居尊。辭貧以居富。以求出于孔子之上。其見棄于孔子也。亦已甚矣。

廿

可析千廻。揔是一眼觀定末節。故手寫本節。眼射前后。筆通前後

孔子嘗爲委吏矣

浙江彙學院月課
錢塘縣學一名　陸士紳

以聖人而為小吏為貧者所宜居也夫吏不一而曰委吏則卑貧
甚矣孔子亦嘗為之良有以哉且士人得時而駕遠大是圖有無（擲）
多寡之司固不屑以之自處古大臣坐秉國鈞所以問錢穀而謝（佳）
不知也而自非然者顧與時違則言有無而較多寡亦一行作吏（名○雋）
者所有事矣抱關擊柝下吏之職也盍觀孔子之為貧而仕乎晨（出○取○當○為○之○神）
門之諷不聞引為同調而職之類乎抱關者易防閑而為積貯屬（氣 衛○脩 而 烟 起）（脫○歸○有○情）
在微官聊附班聯之後木鐸之稱雖難信之封人而官之等乎擊（分 項 上○文 到 切 孔 子）
柝者易守望而為倉儲藐茲末秩委邀升斗之稭蓋自委以吏重（脫○為○貧○輕○按○本○題○）

考卷文騟　孟子　藜照書屋

則鈞石攸司已分榮于一命吏以委名則斗筲是職亦僅縮夫平
適而不意孔子嘗為之委吏之在甸稍者其細已甚歟斯錙以
厚其嗇何與精微辨疏木以儲其材寧關典要舉凡竅以待賓
客甸聚以待羈旅餘聚以待須賜雖相須甚殷而稽其爵秩不過
與草人卅人同居下士之班此固抱負有餘者所不甘托迹者也
而不謂名臣東魯反持籌而綜出入之權委吏之倫饋遺者其稱
名亦小矣三十里有宿安必利濟之宏敷五十里有市亦豈德施
典核詳明
之賡微繫凡鄉里之積以恤艱阨門閭之積以養孤老縣都之積
以待凶荒雖取數甚多而屬在官聯不過與質人廛人並隸司徒

孔子嘗爲委吏矣（孟子）　陸士紳

之末非固經綸自負者所不屑置身者也而不謂望重尼山亦按
籍而考盈虛之數異日者孔子不嘗為司職乎侯國之制司徒寔
兼司空則合土範金聚百工以蹤鑿觀萬物之精良有以萃五行
百產之所以因其藏者其蓄積甚宏矣而方其為委吏也則多能
少歲而盈虛衰旺不妨同于出納之有司孔子不又嘗攝行相事
乎王制之常家宰寔制國用則歲杪較入度地之大小視年之豐
耗有以廣耕九餘三之例以會其通若其盈藏甚遠而當其為
委吏也則釋褐初登而貯積收藏遂甘等于簿書之末吏六萬之
粟難以虛物而辭尊居卑自覺錙銖之必較九百之與輕于一鄉

考卷文揄　六子

而辭富居貧亦嘗管鑰之維嚴夫孔子何必問門下諸卷有誦習

會計者乎兼通六藝其勝任而愉快者至今如[illegible]之也

此種題將腰為之那復有一語肯脫然但誇腹笥　畜虛神搏

注斷木究無生氣能如此博綜典核而於嘗為字矣字爾後口

氣如脫頸畢貫章旨脈縷一絲不走讀者諦視久之方知尤王

家數之遠不逮此也

孔子嘗　陸

○○孔子嘗為　已矣

歲考撫州府屬儒學　曾朝陽　侯官教諭

特引聖人之稱職可為祿仕者法矣夫會計之當牛羊之蕃為委吏乘田者職宜如是也不當以孔子為法哉嘗謂事各有宜而職務求稱匪獨士然也雖大聖人于此當其大用莫與半秋初膺亦必有所事；蓋即其意之自明亦可知所職在此不容素尸而亦別無他責也居卑居貧而所宜在於抱關擊柝豈虛語哉以予肝衡往事追想古人嘗見夫懷抱宏深經術素裕而道不可為貧有難堪不得已而一官自効日事於猥庸瑣屑者代不乏人不覩之孔子乎蓋孔子嘗為委吏矣考禮于周蒞勿有欽而稍聚待賓向

聚待旅此委吏事也而其職則在會計又嘗爲乘田矣稽典於古政令有待而賓客供牛祭祀供犧此乘田事也而所司則在牛羊夫念我孔子作宰中都司寇宗國三月之間男女異道羔豚不飾化至神也而當其家之里閈効力苑囿亦且斂其立道綏動之施而唯以稱職爲事試述其言則曰會計當而已矣牛羊茁壯長而已矣他何事哉大抵事各有宜雖聖人不能舍此而他適故爲委吏則必當會計爲乘田則必茁牛羊亦以爲道無所施聊効一官以爲自全之計而顧受若負怠若事保無有不職之愆尸是而日計其成月計其要上其數于司會三百維群九十其犉綏其芻下

職人若曰予小臣敢有他望亦惟是守法奉公無辱官謗而已矣而職務求稱在聖人亦必於此而自盡致會計當乃可為委吏牛羊茁乃可為乘田亦以見道既不行業荷君恩得綰半通之綬而顧瘝厥官廢厥職安必無素餐之恥用是而條分細目統括大綱委積且有成勞疾瘝無聞脩脯咸有爾牲成於牧事若曰予小臣得弛負擔亦唯是居位盡職無速官刑而已矣蓋官卑亦有法守之事罔散投閒責任誰容於委卸由孔子觀之於以知官無大小職宜勤勞豈得以末吏而貽竊祿之譏祿仕則無艱大之投小割烹鮮黽勉亦易以從事即孔子例之又以知微祿所資片長宜展

不得以居卑而存過脊之望所宜在此時使然也嗟乎士當不得志之日抑鬱無聊苟安下位或不屑於猥瑣而自忝厥職致干罪戾者吾甚悲之請畢孔子以為法

溫文恬雅不事鋪張揚厲具見神采奕奕

孔子嘗　　會

孔子嘗為　二句　　張鵬翀

即委吏之稱職已見聖人之不苟祿矣夫委吏乃貧之職也孔子為之而會計當焉豈復有越乎會計之外者哉今夫國家之用人（開門見山）求其當而已矣非必憐其困之而以升斗之祿奉之也况以聖人之才處不次之位治天下無一不得其當者豈屑沾沾焉以一職自效也哉乃所謂為貧而仕者則有之矣嘗讀孔子家乘年二十始為委吏料量平嗟乎孔子而乃為委吏乎哉想其少時居昌平陬邑闇闇居無事又抑不得用溫溫無所試或一推擇為吏始托以其嘯傲如儀封人晨門之流所稱吏隱者與然非貧困不自

不抑志而為此若夫計委積之多寡問庾之有無謹槪量平出入其事委屑不足道帝大聖人而甘為此瑣瑣也然孔子而不為委吏則已孔子而為委吏則亦委吏而已矣今夫錢穀之數

（本朝惟鍾伯有此筆意）

銖銖而積之至石必差非有以總而稽之則日積日多而復有胥吏之耗出入之際以乘其隙而為之弊有巧而不可究詰者矣而問其職則有主者非他人所得而權其當也而誰與合其數而會

（分講會計雜張如此明了可云才大如海心細）

之且夫衡石之程銖銖而記之巧算不能非有以分而析之則愈

（如髮）

分愈細而復有盈縮之微纖毫之積以遁其準而失其平有繁而不可盡剖者矣而問其責則有司存非局外所得而衡其當也而

誰與分其数而計之而吾度孔子居官之時稱職之意則亦必曰會計當而已矣設或水旱不時宜發倉廩以濟貧乏而當事者晏（觀其立論其胸中可知）然而莫之請孔子于此其能為民請命乎即為之蒿目而無如何也而孔子竟安之也曰此固非我事也又或公聚朽蠹而[illegible][illegible]不凍餒之嗟而為君者恬然而不知省憂孔子於此其敢向殿陛而陳詞乎即為之拊膺而無益也而孔子竟置之也曰此固非我職也為委吏則委吏而已矣猶之為抱關擊柝則抱關擊柝而已矣豈必有無聊不平之氣自托於放意肆志之為自譽自嘲如公庭一以人受污賤而反以為榮者哉蓋孔子之為貧而仕者此其一

天章稿

情横溢。風發泉流。他人所囁嚅不能道者。此獨探喉出之。真覺光燄萬丈。黄崑圃夫子

落筆肅隸。樹議典。切天人兩到。方有斯文。龔文俊識

孔子甯

孔子嘗爲　一節　陳賓

觀聖人所以居卑貧者而知其職之易盡也夫委吏乘田卑且貧矣
觀孔子之言而不可曉然于孔子之意乎是可爲ゝ貧者法矣且聖
人豈有不欲仕者哉顧有時志在仕而仕焉極天下之尊且富而不
按末章末句
爲傲也有時志不在仕而仕焉極天下之卑且貧而不爲辱也宜位
雖卑而聖人固不求尊秩雖貧而聖人固不求富則觀聖人之言者
寧不可識聖人之意耶辭尊辭富所宜者特抱關擊柝已哉昔先王
念行旅之不可不恤也而設委積以供之因必有人焉以守之于是
事有委吏又念肥腯之不可不供也而蓄畜牧以備賓祭必有人焉

以至之于是乎有乘田是二者可不謂卑且貧哉尊則宜辭矣而吾
正恐辭尊者之勿願為此也富則宜辭矣而吾正恐辭富者之勿願
始若鶩鴻
為此也然而昔者孔子嘗為之且夫為之未易言矣念此委吏乘田
先王非為貧者設也有會計故有委吏有牛羊故有乘田而不能當
而不能茁壯長是尸位也是貪祿也而孔子曰不敢也乃為之則亦
何嘗不易矣念此委吏乘田先王非為貧者設然亦止為會計牛羊
設也委吏之職止有會計乘田之職止有牛羊而既能當而既能茁
壯長非尸位也非貪祿也而孔子亦曰如是則已是也旋故有人焉
前乎孔子而為之又聞孔子之繼之而皇然懼也曰孔子聖人也始

必有損焉乃久竊之而初無異也一以為會計一以為牛羊委[illegible]

田之事如此而已矣（而已矣字疊疊）即孔子為委吏乘田之事如此而已矣抑有人

焉後乎孔子而為之及開孔子之先之孟皇然懼也同孔子聖人也

若雖為繼焉及身親焉而亦初無愧也一期其當一期其茁壯長委

吏乘田之效如此而已矣即孔子為委吏乘田之職如此而已矣然（則然上截章旨）

則今日而觀孔子以為會計之外無奇績焉而不知亦惟不必有奇（愈推下節意見可直接）

也孔子果以嘗為委吏也又以為牛羊之外無餘事焉而不知亦惟

不必有餘也是以孔子嘗為乘田也自非然者不幾夫孔子居卑居

貧之意哉為貧者可以法矣

中式科大題文選

發而已矣三字屈折盡態。文境之妙。則吾遊新安道中所見白石參差清泉激越處幾似之。情同人發得而已矣三字極[illegible][illegible]厭[illegible]得薄祿無苟受之理。而卑官無行道之責。下[illegible]恥羅[illegible][illegible][illegible][illegible]囊[illegible]內矣。

孟子

孔子嘗爲委吏矣

江蘇張學院科入太倉州學一名 董毓靈

觀聖人於初仕而知爲貧之所宜也蓋委吏職之卑者也以孔子而爲之不已見其爲貧之心哉昔我孔子適衛委積之豐一時之致粟蓋六萬焉子固未嘗辭尊富矣乃夷考釋褐之初其仕籍所登者亦僅儕名於末吏然後知爲貧者所宜固不僅以抱關擊柝已也夫孔子不嘗爲貧而仕乎既曰爲貧雖非常是察孔子敢憚其勞乃當年未膺津梁之職而曾專管鑰之司既已爲貧雖鳴柝而行孔子豈辭其瘁乃當日未司郵驛之傳宣而曾守朝家之積貯嘗考我周設官天子司農掌九州之賦下逮侯國亦有司主之

而各職其事者則為委吏斯誠卑貧之甚而孔子之為之也何居
紆餘為妍極有波致
夫後世非常之士往々托吏隱以自見如守藏之吏學者多師尊
之而管庫之士七十賢大夫舉焉孔子為之得毋托身於此欲以
動當世之知耶顧其意則自有在矣將謂道高者爵宜崇則上列
班聯即錢穀不知子亦何愧乃委人之賤而暫攝其官雖旁觀且
婉約
為扼腕而孔子不計也則委吏也而遂有一孔子經理於其間矣
將謂德盛者祿宜隆則置身朝右即萬鍾是養子亦何慚乃積人
之賤而姑承其乏雖局外且為黯然而孔子勿念也則孔子也而
遂有一委吏往來於其懷矣夫朝廷之設爵本以待賢才而居之

者則當自審委吏正辭尊者之所宜也雖當時權門聚歛且多附眼光四射

益之臣想亦為委吏者所宜撫時而隱痛者也然亦思其職為何

職也國家之建官本以處俊傑而居之者不容或混委吏更辭富

者之所宜也雖當日長府是為惟知積聚之謀想亦為委吏者所

當觸目而傷心者也然亦思其任為何任也名不列公卿之籍而

以孔子為之不聞短馭之悲職僅等府史之徒而以孔子為之常

切曠官之慮觀會計當之言而知為貧之所宜此其一也

緊按為貧而仕來脉體認嘗字矣字虛神飾色淡而彌鮮着筆

輕而彌秀 張點濱

下句恰接

其職易稱意須合下句乃完文只虛描出題體勢最得頂真一

○○孔子嘗為　一節　欽履健

證為貧之仕於聖、惟其易稱而已、夫委吏乘田、豈孔子所居者、而為之、之意則以會計牛羊之外無他職也、此為貧之一證也、且世有聖人而使之聖而貧、貧而仕、（反起）托足於下僚而量能於升斗、豈宇宙之常理哉、然國家有易稱之有司、（鍛語簡古）而大聖亦因時而偶試、受爵可以不讓、受祿尤欲不誣也、今且酌為貧之宜、而徵之孔子、多能在少賤之年、（氣宇高騫）而一官捧檄、匪急功名也、聖如孔子亦藉祿養以承歡則三釜及親、豈曰末僚而弗屑、況夢寐有東周之願、而天下莫宗、竟甘疏水耶、仕在聖人、亦必兆端於始進、即偶邀一命、寧云苟

且以相嘗不見其為委吏乎出納關心侵漁用戒職不過會計耳月計而其數可稽歲會而其成可質已矣會計當而為貧之委吏

已矣字清出

無廢事矣不見其為乘田乎牲牷是奉孳尾攸分職不過牛羊耳瞻其肥瘠而騂剛具時其字育而生息蕃已矣茁壯長而為貧之乘田無曠官矣出經綸之餘緒錙銖於纖悉而有所不遺而宏猷

吐納風流

未展姑托簿書鞅掌閒消東魯之歲時合樽節與愛養咸若其性情而生而不已而末秩易居第藉牧事有成亦見尼山之報最官

溫潤可挹情文並美

愈卑則祿愈薄而受事之初尚煩衡量則知禾廛三百豈易免素食之譏爵易稱則才有餘而常職之外總無溢詞則知萬舞公庭

何必動棒斧之頤勿謂孔子之守官敬事戛然與人殊也會計當牛羊長何難游及而不勞乃課其績一俗吏所能為而考其成雖（兩而已矣）至人不與易也（活現）勿謂孔子之循分稱職泛然與人等也會計當牛羊長即裕化栽之大用故一日身當其任而天縱者必盡其能即畢世不易其官而素位者總不踰其分也（住句）量平之料具有勤勞纖雜之司自饒清白世有為貧而仕者曷不以孔子為法

語意精粹氣流墨中　何樟亭

能體貼兩而已矣字神理紆餘為姸筆如滋蘭樹蕙此固王仲祖風味粗率人未易襲取

孔子嘗為　一節　趙炳

聖人必敬其官、即為貧亦不敢忽焉、夫聖人而為委吏、乘田哉、乃不敢越於職之外、亦不敢失於職之內、是委吏乘田中之聖人矣、且夫國家之設官有大小、而人臣之守職無重輕、若重其德而輕其官、是輕朝廷以自尊也、其意已不可以事君父矣、是以聖人大用之則大效、小用之則小效、不敢有所不足于君、而因以自棄其職也、為貧而仕、必如抱關擊柝、乃可、昔孔子亦嘗為貧而仕矣、夫國家積數百小臣之勤勞、不如大臣一人之謀定、然而此念不可設之自下也、一事之損益、一物之生息、於國皆有所濟、以職為不足治、而究也亦無可治之職、非臣也、國家聚數十賢能于有司、不如大臣一人之勝任、然

提清

十三科大題文徵　下孟康熙丁未房書　百一

而此說不可存之自下也一事之失御一物之失性于國皆有所傷
以才爲不足用而寃也亦無可見之才非臣也故孔子而爲委吏則
爲委吏而已矣會計當矣又何求焉孔子而爲乘田則爲乘田而已
矣牛羊長矣池何知焉天之生材有定長于大者絀于細伸于貴者
過王元非百里才
屈于賤故賢人能上而不能下衆人能下而不能上若聖人則通乎
上下矣一官自有一官之用即委吏乘田亦爲君定出入之數以獻
天子賡生物之意以羞鬼神敬之哉其敢隤越乎盛國之爵官有權
名言奔會
爲人而擇官者亂爲官而擇人者清故以一賢統衆材則有餘以衆
材度一賢猶不足若聖人則超于賢材矣一命亦見一命之長即委
吏乘田亦能以有餘不足見憂国之心以萬物咸若見曲成之用敬

之哉其敢怠棄乎哉人臣事君當不求功而求過然誠過莫先于職（是為貧而仕本）
（念）祿故以孔子之聖即大官大邑豈有過分之虞寧去彼而就此者誠
見小臣不用智而用力心雖強而有智力（雖仕職易稱意）易強而有功不至于救過
之不暇爾小臣事君嘗不求名而求利然而求利莫先于去禍故以
孔子之聖即居官奉職豈有曠瘝之責寧（昔人所以願為州縣親民）敢守而罔懈者誠見小臣
遠（之官也）于君而近于民遠君則有所不能行近民則有所不能辭惟恐其
獲戾之在茲爾輕其職則當并去其官山林有樂何必吏隱食其食
則當事其事人各有心何殊貴賤乘田委吏猶若此立人本朝而道
不行、能無耻乎、

引孔子作証只為貧而仕者立一榜樣耳此文正喜其不粘滯

十三科大題文徹　下孟　孔子嘗爲　趙　炳

題面渾寫大意警卓絕倫○玩兩而已矣字不特徼還辭尊辭富意并下文以言高爲罪亦一齊攝起矣眼力所周鋒芒肆射○量能任事古今人材多有不可强者惟大聖人能高能卑故委吏乘田祇求稱職初未嘗稍踰於分外也中幅闡發此意耳目一新　仇滄柱

孔子嘗爲 一節

應兆昌

誑仕於聖人不以卑貧而廢乃職也夫委吏乘田仕之卑且貧者耳孔子爲之而各稱其職焉爲貧者不當如是耶且天下不可無大用乎聖人之與而聖人不妨有小試於天下之時非自貶以求容也蓋以爵之崇者固不可以倖邀而職之微者亦非可以苟處則雖置身下吏必思以稱厥職者無負厥官是即質之筮仕之初心而要亦可以無愧焉耳（精緊此職易稱）（是而已矣接氣）若居卑居貧固以抱關擊柝爲宜矣而或者曰此第可以之例常人耳（子筆勢饒利）使世有賢人君子吾知其盛位可居而卑秩有所不屑也厚祿可受而升斗有所不屑也安在爲貧者之心概出於辭尊辭富哉信如是也宜孔子宜莫如孔子矣而孔子之仕何如耶夫以孔子之聖也

育聞長之法

敵豈不足以負斯、重任以成天下之大功是知以孔子為司
農之自以從式度支者為天下阜其財以孔子為司牧必能以愛養百
姓者為天下遂其生則孔子而仕亦何不可以居尊富乃逆今過東魯
之故墟訪聖人之遺事父老相傳孔子嘗為委吏嘗為乘田則何也夫
過總提明切
委吏下僚也乘田微職也稍其秩當亦與抱關擊柝者等耳意德如孔
子才如孔子積學力行如孔子而使之辭上居此意孔子必將曰吾惟
又用
此補文氣趣兩箇而已矣妙甚
藉微祿以自養而已矣吾惟取優游以自適而已矣吾惟隱於隸圍委
能以送著題
庶績於圍闤置黜陟於度外而已矣而何以一則曰會計當一則曰牛
是最孔子為明
羊茁壯長若是乎孔子之不以委吏乘田為卑而忻焉有事於此也若
叠發數段文
是乎孔子之不以委吏乘田為貧而安焉樂就於此也若是乎孔子不

勢勇動

以會計之當牛羊之為難而必欲于此盡其職也若是乎孔子不以會計之當牛羊之長為易而不欲於此竟其責也億德如孔子才如孔子積學力行如孔子豈不能展所為于委吏之外豈不能兼所事于乘田之餘而顧兢兢若此無論會計而外非委吏之所宜及即欲以委吏而問及于牛羊當為孔子之所不敢出可知矣無論牛羊而外非乘田之所宜知即欲以乘田而察及於會計當亦孔子之所不敢出可知矣何也謂夫位有以限之也

交互見餘波

此節舉孔子為言乃為貧而仕者之準則也與上二節只是一意總見其無致君澤民之大事而職易稱也只重在官卑而職易稱不重孔子能稱其職此大、得委吏乘田與抱關擊柝均屬卑官一例

大題文散　下孟　孔子嘗　應

竭力擡高孔子〇作尸見而仕者之格式〇課中題竅〇至其文氣浩瀚

有筆往獨来〇游行自在之妙〇代滄浤

孔子嘗為　一節

三名　鄭琨瑶

聖人為貧之仕固有歷歷可考者焉夫委吏乘田非可以仕孔子者然而嘗為之矣會計牛羊亦求其所宜致者耳嘗思國家之設官與士人之自命迹雖殊而理不異也大莫能容或因祿糈而自給小亦可試姑即職分以呈能是固事勢所值有不妨隨地以致用者聖人於此亦已不必立異也辭尊富而居貧賤為貧仕者得（皆下節然論題前倒起）勿疑吾說乎夫久大之業學人在所共期而功名之途義命恒有定限使不明於當然之分則濩慨以往隨所值而不免於失據蓋紛紛爭會哉聖人有無如何若而道全德備之身僅僅焉與尋常

者弃我是以折衷於孔子委吏之職不以掌邦之委積周官隸於司徒乃孔子亦嘗為之意者因亨就功出其神明之萬一不難默轉世運於知效一官之餘而不然也曰會計當而已矣乘田之官不過辨田之名物周禮等于獸人乃孔子又嘗為之意者納約自牖分其經綸之緒餘可以隱卜大行於崇邀一命之外而不然也曰牛羊茁壯長而已矣期月三年之期許原非虛願使有舉國以聽者將天下蒙其休而後世被其澤矣至擇一職以自處則日成月要僅恪守小宰辨職之文獻獸須禽幾無殊庖人掌供之細是過化存神之用且不能舍見在而別求遠大之勳名所謂無曠厥

官自宜止乎其分焉耳司寇攝相之功業皆為寔效使有久任不易者豈當時不能殫而累世不能究乎至求薄祿以暫寄則受歲

曲摹官卑情景死畏布処兩而已矣字添毫欲活

救於天子不得同司會之尊賜牲鼎于公侯未嘗與折俎之列是德盛化成之詣亦不能置當前而更為崇隆之建樹所謂職思其居自宜安於其素焉耳然則仕有定衡不得以變局而易其操而責可自盡定當就職守以敬其官夫聖人已不能以為貧而仕之故于尋常之中獨示異旨也

寄咏恬吟雅人深致　原評

乃王人而為賤官其無行道之責可知而曰字即居卑言卑乙一唱三嘆蘊藉風流

孔子嘗為　一節　　一名　蕭　芝

觀聖人之稱其職、可為為貧而仕者鑒矣、夫委吏乘田各有其職
也為之則必稱之為貧而仕者曷鑒諸孔子、且夫君子居其官則
思盡其職夫課官於職而仕之途嚴矣然課官於職而仕之途又
析貢得題神
寬矣蓋職宜無歉於官之中而官宜無鶩於職之外先事者逆計
之已無難當事者躬効之自有餘也貧仕者所宜居蓋在抱關擊
柝矣傾常人之情樂於自肆亟求吏之班或且爽然不屑者狃於
無所見也質之孔子庶歸其一耳曠達之流苟於應物忘官守之
說以簡率自高者蔽於無所儆也正孔子乃素其位耳夫孔

子（先觀起二筆）仕以行其義矣乃其始固嘗為委吏矣嘗為乘田矣委吏之
設以厚藏也自賓旅之往來與凶荒所斂散皆於是乎在孔子宜（須此）
有以務其遠者大者而其言不過曰會計當而已矣蓋上則冢宰（典核乃不失之情）（經合而已矣之神）
總其成而委吏則惟謹其蓋藏稽其出入以是為殿最之常焉他
何計哉乘田之司以阜物也自賓祭之供億與日用之膳羞皆於
是乎取孔子亦宜有以務其遠者大者而其言不過曰牛羊茁壯
長而已矣蓋上則司徒制其經而乘田則惟求其牧芻辨其息耗
以是為功過之衡焉餘安論哉故夫仕而為貧于孔子之為委吏
乘田可觀也仕而必稱職于孔子之當焉長焉更可觀也大抵聖

偶于淺處娛托聖人身分只此已現

人偶托之迹後人每樂述之以為美談以今孔子既往而人之為委吏乘田者若並其官而加崇不知升沉有何定局宜相其時焉夫其後出於仕之正而其始不免出於仕之權要亦惟變所適已耳聖人小試之端斯人每修陳之以為異績以今孔子已遠而人之追述其為委吏乘田者或神其事以動聽不知運量有何奇秘惟義所在焉即其學可以對時育物而其官無過考覈稽名夫亦盡事之理已耳今之為貧而仕者其謂之何也

更妙

典雅名貴卓爾不羣　原評

ら孔子以爲ヽヽ貧而仕者ヽ泓無一稱職一止上元作筆意高超只

墨卷大醇　孟子　二百卅二

哉〻鋪敘。而神味悠然。後一比亦烘〻有法。

稱題之量。不于題外橫發議論。居然先正典型。